DU MEME AUTEUR

Souvenirs et Espérances,

> Ed. Fayard, Paris, 1991, 319 p. Traduit en anglais, néerlandais et italien.

Les Imprévus de Dieu,

> Ed. Fayard, Paris, 1993, 330 p. Traduit en néerlandais et anglais.

Le Roi Baudouin, une vie qui nous parle

> Ed. FIAT, Ertvelde, 1995, 202 p. Traduit en néerlandais, allemand, portugais, anglais, tchèque, espagnol, slovaque, italien, arabe.

+ L.J. Cardinal SUENENS

(* 16 juillet 1904 - + 6 mai 1996)

Le chrétien au seuil des temps nouveaux

Éditions de l'Association FIAT
Gravenplein 9
B 9940 **ERTVELDE** - Belgique

© texte, Éditions de l'Association FIAT 1997
D / 1997 / 7273 / 1
ISBN 90 75410 04-2
NUGI 635

Table des matières

Partie I

Le chrétien, disciple de Jésus-Christ

Le chrétien interpellé par Jésus-Christ

1. Pour vous, qui suis-je ?
2. Pourquoi êtes-vous chrétien?
3. Pourquoi êtes-vous catholique?
4. Le chrétien interpellé par le monde.
5. Le chrétien dans le monde,
   sans être du monde.

Le chrétien, témoin du Christ

1. Le témoignage de la parole.
2. Le témoignage de la vie.

La fraternité chrétienne

1. Le chrétien, être "en communion"
2. Le lien de notre fraternité.
3. Retrouver le lien d'une fraternité vécue.

Au seuil des temps nouveaux

1. Un renouveau d'espérance théologale
2. Espérance active

Partie II

Le chrétien, animé par l'Esprit Saint

La Pentecôte initiale, fondatrice de l'Eglise

1. La Pentecôte continuée
2. Croire à l'Esprit Saint dans l'Eglise
3. L'Esprit Saint au cœur de la Nouvelle
   Evangélisation.

Accueillir Marie, c'est nous ouvrir à l'Esprit Saint

1. L'Incarnation, en vue de notre déification
2. Une alliance à double dimension
3. Un prélude à l'Alliance : La Nativité de
   Marie Immaculée

Qu'est un chrétien animé par l'Esprit Saint?

1. Quelqu'un qui a rencontré Jésus-Christ

Préface

Toute sa vie, même jusqu'à la veille où le Seigneur l'a rappelé à Lui, le Cardinal Suenens n'a cessé d'écrire. Son cœur était consumé du désir d'aider les hommes à trouver Dieu et à devenir plus chrétiens.

Dans la perspective de l'année jubilaire 2000, il œuvrait pour que les chrétiens s'y préparent. Chaque matin il écrivait dans ce but: comment être chrétien et vivre dans l'Esprit Saint ces dernières années du 2ème millénaire?

Ainsi mûrissait en lui le projet de composer une sorte de vademecum pour le chrétien en route vers l'an 2000. Il songait à un genre de guide, à portée de la main, pour ces trois années préparatoires à l'anniversaire de la Nativité du Christ.

Le schéma en était clair: pour lui, la vie chrétienne découle de la Sainte Trinité, le chrétien est frère de Jésus, animé par l'Esprit Saint et enfant du Père. Aussi le chemin à suivre lui paraîssait évident: en union avec Marie, le chrétien suit Jésus, il vit de l'Esprit Saint et il est en route vers le Père. Ceci était d'ailleurs l'itinéraire que le Pape Jean-Paul II avait choisi pour les trois années préparatoires à ce jubilé. Dans ce but, le Cardinal Suenens avait programmé 3 plaquettes pour orienter le chrétien vers l'an 2000.

Il n'a pas eu le temps de terminer le tout et de le mettre soigneusement en ordre comme il en avait l'habitude. Une grande partie du texte était déjà achevée et une autre préparée. L'ensemble se trouve dans ce livre en un seul volume.

En réalité cet ouvrage est son testament spirituel. Il n'est pas seulement le dernier de la série impressionante de ses écrits, mais il est certainement aussi l'expression de ce qui lui tenait le plus à cœur: qu'est-ce qu'un chrétien, comment croit-il, prie-t-il et vit-il en cette fin du 2ème millénaire? Sa réponse se trouve dans ce livre.

Prenez et lisez!

+ Godfried Card. Danneels
Archevêque de Malines-Bruxelles

19 mars 1997
Fête de St. Joseph

PREMIÈRE PARTIE

Le chrétien, disciple de Jésus-Christ

CHAPITRE I

Le chrétien interpellé
par Jésus-Christ

> *"La foi, ce n'est pas seulement lever*
> *les yeux vers Dieu pour le contempler;*
> *c'est aussi regarder la terre,*
> *mais avec les yeux du Christ."*
> (M. Quoist)

1. "POUR VOUS QUI SUIS-JE ?"

Un jour, en cours de route, Jésus demanda à brûle-pourpoint à ses disciples: *"Pour vous qui suis-je?"* (Matt. 16,15). A chaque génération le Seigneur pose aux siens la même question vitale. La réponse des chrétiens d'aujourd'hui détermine leur identité et conditionne l'action qui en découle.

A l'heure où les chrétiens sont conviés au témoignage évangélique dans un monde de moins en moins chrétien, il importe de tirer au clair la question du Maître à ses premiers disciples, qui nous interpelle tous.

De notre foi en Lui en effet dépend la qualité de notre pratique chrétienne: la profondeur de notre union à Lui sera le garant le plus sûr de l'avenir de son Eglise. Notre-Seigneur ne demande pas aux siens d'être majoritaires dans le monde, mais bien d'être levain dans la pâte, sel de la terre, lumière sur le lampadaire.

Ce qui manque à trop de chrétiens - baptisés et confirmés dans l'enfance, mais qui n'ont pas ratifié à l'âge adulte, les richesses sacramentelles latentes en eux - c'est d'avoir rencontré vraiment Jésus-Christ, d'avoir découvert son visage, sa parole, ses exigences et noué avec Lui, un lien existentiel.

A chaque nouvelle génération, le Maître pose aux siens la même question directe et vitale. Impossible de se réfugier dans des généralités, de Lui dire que nous Le reconnaissons comme un maître à penser, un exemple à suivre, un grand prophète, voir même le plus grand de tous les temps.

Cette question décisive pénètre jusqu'au cœur, comme un glaive tranchant, sans dérobade possible. De la réponse dépend notre authenticité chrétienne.

Car le christianisme n'est pas d'abord un 'isme', un corps de doctrine, un code de vie: il est d'abord un lien vital avec le Christ ressuscité qui nous unit à Lui à la mort et à la vie.

Mais le Christ Jésus n'est pas seulement l'animateur de la vie personnelle du chrétien; il est aussi Celui qui nous commande de porter son Nom et son Evangile au cœur du monde.

Il faut obéir à cet ordre *d'aller* vers le monde, de prendre la haute mer. Nous ne sommes pleinement évangélisés que si, à notre tour, nous devenons évangélisateurs au loin ou au seuil de nos portes.

On ne possède pas le christianisme, comme un bien privé, on ne le conserve qu'en le rayonnant autour de soi. Ah, si les chrétiens - qui ont reçu le christianisme par héritage - pouvaient prendre conscience, à neuf, de l'immense détresse spirituelle du monde et aller vers lui pour lui révéler, en paroles et en actes, que Jésus-Christ porte en Lui le secret ultime de cette fraternité humaine qui ne parvient pas à s'établir.

J'aimerais citer ici une page émouvante du Patriarche Athênagoras, qui fut le Primat des chrétiens orthodoxes. Il nous livre en ces lignes la souffrance de son cœur:

> *"Il me semble,* écrit-il, *qu'on ne sait plus ce qu'est le christianisme. Pour moi qui l'ai découvert à l'âge mûr, lucidement, après une exploration exigeante de l'athéisme, c'est un émerveillement qui ne cesse de s'approfondir.*

Mais, le plus souvent, les gens refusent de s'y intéresser parce qu'ils croient le connaître, alors qu'ils n'en savent plus rien. Ils confondent Dieu, ce grand dérangeur, avec la clef de voûte d'un ordre social et moral périmé. Pour eux, le christianisme est une sorte d'humanitarisme pour tempéraments religieux.

Le pire, c'est que beaucoup de chrétiens, nés dans l'Eglise, n'en savent guère plus long et s'ennuient d'être chrétiens."

2. POURQUOI ÊTES-VOUS CHRÉTIEN ?

Réponse : Parce que le Christ m'a rencontré.

Ce n'est pas moi qui eut l'initiative de la rencontre, mais Lui. Dès mon baptême, à mon insu, Il a pris possession de moi, mystérieusement. Puis sa vie s'est épanouie en moi peu à peu à travers les Sacrements reçus, en particulier l'Eucharistie quotidienne.

D'étape en étape, Il me conduisit à la plénitude du Sacerdoce, se révélant toujours davantage par sa Parole inspirée, lue, relue, méditée et traduite en images, dans la vie des saints qui se sont laissés modeler par Lui.

De mon côté, ma liberté restant intacte, je ne puis que m'humilier des manques de correspondance à la grâce et admirer la constance de l'amour indéfectible du Sauveur par delà mes pauvretés.

Cet amour personnel fidèle, je l'ai perçu d'une façon marquée au cours de certains événements de ma vie. Spécialement à travers les hasards dont on a dit qu'ils sont l'incognito de la Providence. J'en ai fait maintes fois l'expérience: telle rencontre, telle coïncidence, présence attentive, ingénieuse, menant le jeu.

Très important aussi fut la rencontre avec le Christ Ressuscité et vivant dans des chrétiens authentiques d'une rare profondeur. Rien ne vaut ce 'catéchisme' en images. Ils m'ont appris que l'on n'est pas pleinement christianisé tant qu'on n'est pas devenu christianisateur à son tour, et cela va loin!

Tout ceci se situe au plan de l'expérience vécue. Quant au niveau de 'la foi en quête d'intelligence' à laquelle fut consacrée une large part de ma vie, je dirais simplement avec Newman que 'mille difficultés ne font pas un doute'.

Le monde est à la fois ténèbreux et lumineux. Pour moi les Puissances du mal ne sont pas un mythe, mais les ténèbres n'empêchent pas de croire au soleil, à sa lumière, à sa chaleur. Dieu qui est à la fois vérité et amour demeure à jamais le soleil de nos existences et c'est Jésus qui me l'a révélé.

Revenant à la question initiale : pourquoi êtes-vous chrétien? J'ai à répondre - ayant franchi le cap des quatre - vingts ans - : parce que le Christ Jésus s'est emparé de moi au départ de ma vie et est devenu, pour moi et en moi, chemin, vérité et vie. Je voudrais le chanter avec le Magnificat de Marie.

3. POURQUOI ÊTES-VOUS CATHOLIQUE ?

La revue *The Tablet*, à Londres a publié naguère une série d'articles où des témoins appartenant aux principales traditions chrétiennes (catholique - orthodoxe - protestante) étaient invités par la rédaction de la revue à dire le pourquoi de leur adhésion spécifique. Ma réponse d'hier demeure ma réponse d'aujourd'hui.

A la question que l'on me pose - avec une aimable insistance: *"Pourquoi êtes-vous catholique?"*, je voudrais répondre en citant Etienne de La Boétie à qui l'on demandait pourquoi il aimait son ami Montaigne. Il répondit simplement: *"parce que c'est lui et parce que c'est moi"*. Cela correspond à ce que je ressens à l'égard de l'Eglise Catholique, qui fut et reste ma mère: je l'aime parce que c'est elle et parce que c'est moi.

Je pourrais en rester là, mais puisqu'il faut s'expliquer je tenterai de le faire, à partir de mon expérience vécue depuis le jour lointain de ma naissance. Comment dire tout cela *in a nutshell**? Essayons.

Je voudrais d'abord dire que j'aime l'Eglise Catholique parce qu'elle est l'Eglise de mon baptême: je sais gré à mes parents de m'avoir fait baptiser dès le départ de ma vie, traduisant ainsi pour moi l'amour prévenant et premier de Dieu.

Cette Eglise, je l'aime aussi parce qu'elle m'a fait grandir pas à pas, en me révélant Jésus-Christ, dans les pages de l'Evangile et dans la vie de ceux qui m'entouraient. Mon père est mort lorsque j'avais quatre ans: j'ai compris très tôt que la vie ici-bas est très courte et que seule l'éternité importe finalement, et qu'il faut s'y préparer et le dire aux autres. J'ai

---

* *en bref*

passé de nombreuses heures à la maison, sur un petit mur du jardin où personne ne me voyait, à inventer des sermons qui dans ma pensée devaient irrésistiblement convertir le monde! Rien de moins. De là est née ma vocation au sacerdoce. Cette Eglise de mon enfance m'a nourri chaque matin de l'Eucharistie dont j'ai découvert peu à peu le sens et l'ampleur.

C'est l'Eglise encore qui m'a fait comprendre, de l'intérieur, le mystère de Marie qui n'a d'autre raison d'être, hier comme aujourd'hui, que de nous conduire à Jésus. Elle m'a aidé à transposer dans ma vie la parole de l'Ange à Joseph: *"Ne crains pas de recevoir Marie, ce qui naît en elle est de l'Esprit Saint"*.

Puis ce fut pour moi, - toujours au sein de l'Eglise - la progressive découverte et l'expérience du Saint-Esprit. J'ai vécu des 'hasards' et des expériences qui m'ont fait toucher du doigt sa présence cachée et agissante.

En devenant évêque, j'ai choisi tout naturellement comme devise : 'In Spiritu Sancto' (dans l'Esprit Saint), et cela en 1945, *in tempore non suspecto*[*], où nul ne parlait dans l'Eglise catholique du Renouveau pentecostal!

---

[*] *a un moment non suspect*

Et c'est à la lumière de l'Esprit Saint que je dis dans le credo: *"je crois à l'Eglise une, sainte, catholique et apostolique."* Cette unité et cette universalité me sont apparues, chemin faisant, comme une unité 'plurielle', une unité fondamentale essentielle mais ouverte à la diversité sur de multiples plans.

Des rencontres avec des précurseurs tels le Cardinal Mercier, Dom Lambert Beauduin, le Père Lebbe m'ont appris que l'Eglise catholique n'était ni latine ni européenne mais, aussi orientale en Orient qu'africaine en Afrique... Découvertes pour moi capitales qui m'ont fait aimer cette Eglise, que je professe 'une', de toute l'ampleur de l'Amour de Dieu qui embrase le monde.

Et je dis aussi, avec joie, dans mon credo, que *'je crois à l'Eglise sainte'*. J'ai compris très tôt qu'en parlant de 'notre mère la sainte Eglise', il s'agissait non de la sainteté des pauvres humains que nous sommes mais de la sainteté de l'Esprit Saint qui l'envahit par sa grâce et les sacrements.

Un de mes amis américains m'a raconté qu'il chercha longtemps à quelle Eglise appartenir. Il voulait découvrir une Eglise composée de saints. Sa recherche dura plusieurs années et il frappa à diverses portes. Cela dura jusqu'au jour où un ami lui dit en riant: *"mais Charlie, cesse donc de chercher une Eglise de saints. Primo parce que cela n'existe pas. Secundo parce que si toi tu y entres c'est fini, elle cesse d'être une Eglise de saints."* Il en tira la conclusion!

La sainteté, je l'ai touchée du doigt dans la rencontre de personnes de grand format spirituel, connues ou non du public. Elles me révélèrent ce qu'est le christianisme, vécu en profondeur, et ce qu'est la véritable vie spirituelle et mystique. Ce qui, par parenthèse, est une aide précieuse pour discerner les authentiques charismes de leurs contrefaçons.

La sainteté tangible de l'Eglise se situe aussi pour moi, non seulement ici-bas, mais aussi dans la communion avec les saints du ciel. Ils me sont très proches.

J'ai lu avec joie, un jour, une interview de Emilio Castro, fervent méthodiste devenu le secrétaire du Conseil œcuménique des Eglises à Genève. Il confiait au journaliste qu'il se sentait enrichi par la réflexion que mènent les Eglises d'Afrique sur les Ancêtres, *"réflexions,* disait-il, *qui conduisent à repenser notre conception de la communion des saints"*.

C'est pour moi aussi une dimension de ma vie spirituelle: je crois à leur présence, dans l'attente joyeuse de les rencontrer au ciel... demain. Et au delà de quatre-vingts ans, ce demain se fait proche!

Je remercie mon Eglise de m'avoir enseigné que la mort est un passage pascal et que le dernier mot de la vie est là. On a dit que *"la vie est une phrase dont on ne comprend le sens que lorsque le dernier mot est dit"*. J'attends, avec joie, d'en faire la découverte.

Mon credo s'achève par ces mots: je crois en l'Eglise apostolique. Cela aussi est une force et une joie de se savoir en communion avec tous les évêques du monde, qui incarnent cette tradition apostolique, et qui sont les garants de l'authentique tradition apostolique, et qui sont les garants de l'authentique communion eucharistique. Car si l'Eglise fait l'Eucharistie, c'est l'Eucharistie qui fait l'Eglise et qui scelle la communion des évêques entre eux et avec celui qui a la charge de confirmer ses frères dans la foi, comme gardien et garant de leur unité. C'est tout cela qui vit en moi chaque jour à l'autel, lorsqu'après la consécration, je demande à Dieu:

"Qu'en ayant part au corps et au sang du Christ, nous soyons rassemblés par l'Esprit Saint en un seul corps".

C'est ma prière œcuménique quotidienne, que je souligne d'un geste en étendant les bras comme pour envelopper tous mes frères. Et c'est avec un sens aigu de ma pauvreté que je dis à Dieu:

"Ne regarde pas nos péchés mais la foi de ton Eglise".

C'est devenu une expérience de vie que la communion vécue avec tous les évêques du monde, et en particulier avec les Papes que j'ai connus de près: Pie XII, Jean XXIII, Paul VI, Jean-Paul Ier, et aujourd'hui Jean-Paul II qui parcourt le monde, au risque de sa vie, pour lui révéler son unique et véritable Sauveur. Pareille expérience, elle aussi, marque une existence et invite à la fidélité et à la reconnaissance.

En écrivant tout ceci au fil de la plume, je voudrais synthétiser ma réponse en une image, celle du soleil.

Pour croire au soleil, il n'est pas nécessaire de faire le tour du monde pour reconnaître son action de lumière et de chaleur. Il suffit de se laisser faire par lui, sur place, là où l'on se trouve. Une fois que j'ai reçu un rayon du soleil en plein visage, je suis obligé de croire au soleil pour moi. Et je n'ai pas à me poser une série de questions sur les effets du soleil en d'autres climats et méridiens. Je crois au soleil de Dieu, du Dieu Trinitaire, du Dieu Père de Jésus-Christ. Ce soleil-là a brillé et brille toujours pour moi dans le ciel de l'Eglise catholique, apostolique et romaine.

Je rêve au jour où l'unité apparaîtra dans la

visibilité plénière. En attendant, je sais qu'on travaille à l'œcuménisme de diverses façons. Lorsque la glace couvre la mer, il y a place pour l'indispensable travail de théologiens - briseurs de glace - à la recherche de l'eau vive sous-jacente sous les couches parfois épaisses des formulations qui séparent. Mais il y a place aussi pour des rencontres de chrétiens unissant leur prière pour que l'Esprit Saint fonde les glaces en nous au soleil de sa présence.

Nous avons tous à nous laisser 'christianiser' par Jésus-Christ, à nous laisser 'sanctifier par l'Esprit Saint pour la gloire du Père'. Nous avons encore du chemin à faire, mais il nous faut oser croire au soleil, ici encore, même dans le brouillard ou dans la nuit. Je crois, pour ma part, aux aurores boréales, et je sais que l'aurore commence à minuit.

4. LE CHRÉTIEN INTERPELLÉ PAR LE MONDE

Jadis, le christianisme était vécu parmi les peuples de tradition chrétienne, grâce, pour une large part, au support de la famille, du milieu ambiant, des valeurs chrétiennes reconnues par tous, comme critères de référence, du moins en droit.

Aujourd'hui, l'automatisme héréditaire ne joue plus: on n'est plus chrétien parce qu'on a hérité le christianisme de ses parents.

Les jeunes veulent déterminer eux-mêmes leurs valeurs de vie et rejettent ou sont fortement tentés de rejeter ce qui leur vient par tradition familiale, sociale, ecclésiale. Ce défi des temps nouveaux nous interpelle.

En parlant d'un 'chrétien', de qui parlons-nous aujourd'hui? Ceux qui portent ce nom, sont-ils vraiment croyants, d'une foi personnelle, engagée, valable? Mgr Riobé[*] n'hésitait pas à écrire:

"Il y a moins de pratiquants, mais la vraie question est de savoir combien il y a de croyants et ce qu'ils font pour se rendre croyables".

Nous avons à mettre en relief le cœur même du message chrétien. Nous avons 'sacramentalisé' le peuple chrétien sur une large échelle, nous ne l'avons pas suffisamment 'évangélisé'. Telle est la situation de fait.

Les chrétiens ont à prendre une conscience plus vive et personnelle de leur foi. Il faut aider nombre d'entre eux à passer d'un christianisme sociologique,

---

[*] Mgr Riobé, ancien évêque d'Orléans en France.

à un christianisme plénier, de plein choix, fondé sur une adhésion personnelle.

L'Eglise de demain se composera de chrétiens qui auront lutté contre leur environnement pour en arriver à une option de foi personnalisée, claire, explicite, responsable. Ce sera là l'Eglise de demain.

Voilà le nœud du problème: comment christianiser aujourd'hui, en vérité de vie, tant de chrétiens nominaux? Une Eglise simplement 'pratiquante' ne suffit pas: il importe qu'elle soit 'confessante'. Il nous faut témoigner de notre foi et en vivre.

Le christianisme? c'est Jésus-Christ, présent en nous, et qui doit rayonner à travers nous. Le christianisme n'est pas d'abord un corps de doctrine, un code de vie, il est d'abord une alliance de vie avec Dieu.

Un auteur orthodoxe, le Père Alexandre Men, martyr orthodoxe de la foi, soulignait cet aspect vital en ces termes:

> *"On a dit très justement: Le Christ ne nous a pas laissé une seule ligne écrite, comme Platon, ses dialogues. Il ne nous a pas transmis une table avec une loi, comme Moïse. Il n'a pas dicté le Coran, comme Mahomet. Il n'a pas fondé un ordre religieux comme Bouddha.*

Mais Il a dit: 'Je reste avec vous juqu'à la fin des temps'. C'est en cela que consiste l'expérience la plus profonde du christianisme." [*]

5. LE CHRÉTIEN DANS LE MONDE, SANS ÊTRE DU MONDE

Tout chrétien doit vivre une double vocation: comme fils de Dieu, il est appelé à L'aimer, Le servir, Le faire aimer et, tout à la fois comme fils de l'homme, il doit répondre à toutes les exigences de la vraie solidarité humaine. Nous avons à vivre simultanément le premier et le second commandement; mais sans intervertir l'ordre des priorités. Nous avons à respecter une double loyauté; l'une envers Dieu, l'autre envers les hommes.

La littérature pastorale contemporaine n'a cessé de souligner notre devoir de présence au monde. Mais à force d'unilatéralisme, elle a besoin à présent d'équilibre et de complémentarité. Chaque époque met les accents en réaction contre les lacunes et déficiences de l'époque précédente. Il nous faut

---

[*] Yves Hamant : *Alexandre Men , un témoin pour la Russie de ce temps*. Ed. Mame 1993 p. 135-136. Le Père Men fut assassiné en haine de la foi, en raison de sa grande influence sur les jeunes.

périodiquement rééquilibrer des vérités complémentaires.

Le jeu du flux et du reflux ne concerne pas seulement la mer. Il y a urgence aujourd'hui à souligner le fait que le chrétien n'a pas seulement à être présent au monde, mais qu'il doit aussi être capable de prendre parti contre le monde, contre un certain monde pour lequel Jésus n'a pas prié. On connaît les paroles de Jésus à la dernière Cène priant pour ses disciples et disant à son Père:

> *Je prie pour eux;*
> *Je ne prie pas pour le monde*
> *Je leur ai donné ta parole*
> *et le monde les a pris en haine,*
> *parce qu'ils ne sont pas du monde,*
> *comme moi je ne suis pas du monde.*
>
> (Jean 17,9 et 11)

La contestation de ce monde-là fait aussi partie de l'Evangile. Jésus n'a pas caché aux siens qu'ils seront signes de contradiction, comme Lui-même d'ailleurs, mais Il leur a promis une paix intérieure plus forte que l'hostilité qui les attend inéluctablement.

Jésus n'a jamais dit qu'il ne fallait pas avoir d'ennemis, Il a simplement dit... qu'il fallait les aimer. C'est assez différent et pas tellement facile!

La tentation du chrétien aujourd'hui serait d'accepter les critères de jugement et de valeur du milieu ambiant qui le conditionne. On ne respire pas impunément un air pollué.

Le christianisme naissant a dû se distancier de la morale ambiante de l'époque. Les chrétiens d'aujourd'hui et, plus encore, ceux de demain auront à assumer leur responsabilité dans la fidelité à leur double devoir envers Dieu et envers l'homme, à la lumière de Dieu.

CHAPITRE II

Le chrétien, témoin du Christ

"L'homme contemporain écoute plus volontiers les témoins que les maîtres ou, s'il écoute les maîtres, c'est parce qu'ils sont des témoins."

Paul VI

1. LE TÉMOIGNAGE DE LA PAROLE

Notre vocation 'prophétique'

Le christianisme est essentiellement 'Evangile' c'est-à-dire une 'Bonne Nouvelle', parole qui transforme la vie et dépasse toute espérance humaine. C'est la Révélation, apportée par Jésus: que Dieu nous aime comme un Père qui nous appelle à partager sa propre Vie. C'est une histoire d'amour, invraisemblable mais vraie, à partager, par communication orale d'homme à homme; et par toutes les voies possibles de transmission.

La vocation même du chrétien est de communiquer à d'autres ce message. Par définition, nous sommes - comme le rappelait Vatican II dans *Lumen Gentium* - un peuple de 'prophètes'. Ce qui ne veut pas dire - selon le sens courant du terme - que nous sommes appelés à annoncer l'avenir (ni a fortiori la fin du monde!); mais ce qui signifie - selon l'étymologie grecque - que nous avons mission d'être des porte-paroles de Celui qui nous envoie en son nom.

L'Eglise a mission de rendre Jésus présent aux hommes de tous les temps, partout et toujours. Elle se doit de vivre cette vocation prophétique à travers ses membres. Comme l'écrivait magnifiquement le Cardinal de Lubac:

> *"Ce que l'Eglise est en elle-même, il faut qu'elle le soit aussi dans ses membres. Ce qu'elle est* pour *nous, il faut aussi qu'elle le soit* par *nous. Il faut que par nous, Jésus-Christ continue d'être annoncé, qu'à travers nous, Il continue de transparaître. C'est là plus qu'une obligation. C'est peut-on dire une nécessité organique."* [*]

---

[*] Card. de Lubac : *Méditation sur l'Eglise* p. 190.

Chaque chrétien est appelé à être témoin de l'Evangile par approche directe, personnelle

Sans doute ce devoir passe aussi par toutes les techniques d'influence, par tout ce qui contribue à assainir une société et à promouvoir la justice et la paix parmi les hommes. Mais, si chacun n'est pas en mesure de jouer un rôle efficace à ce plan social, collectif, il y a place pour une approche directe et personnelle accessible à chacun, à son propre niveau. On a abusé de l'image de la goutte d'eau qui se perd dans la mer et s'y noie pour minimiser la démarche directe, la parole d'homme à homme. Il faut lui substituer l'image de l'allumette contagieuse dès qu'elle flambe et s'approche.

Un chrétien, disait Lacordaire, *est un homme à qui Jésus-Christ a confié d'autres hommes*. Et donc à qui j'ai à rendre raison de l'espérance qui est en moi chaque fois que l'occasion s'offre.

L'Ecriture dit que nous aurons à rendre compte de chaque parole prononcée. Peut-être aurons-nous à rendre compte aussi pour les paroles que nous n'avons pas dites, au moment voulu, et qui auraient pu être instruments de grâce pour le prochain.

La crise de l'évangélisaition n'est pas due prioritairement à un manque de catéchistes ou d'enseignants (professeurs de religion ou de théologie): mais elle est due au fait qu'il n'y a pas assez de chrétiens (hommes ou femmes) remplis de la joie du Seigneur, soucieux de communiquer la joie et la paix qui émanent de leur connaissance existentielle de Dieu.

Dans une conférence sur l'évangélisation le Cardinal Hume a dit u   .   ses pour que le message p   sse - sont la sincérité, la c   as, en première instance, u   ne apologétique. Ce qui fr   u, c'est le ton de sincérité   on qui jaillit de sa vie, la   ˍ ˍˍur, et qu'il voudrait partager par amour d'autrui.

Bienheureuse êtes-vous Marie, parce que vous avez cru... Ces paroles d'Elisabeth à Marie, lors de la Visitation, lui sont venues tout naturellement, en voyant la joie sur le visage de Marie: c'est cela qu'elle lit d'abord, c'est cela qu'elle capte en premier lieu et qui transforme la 'visite' en mystère de 'Visitation'. Le visage radieux de Marie est aussi une Annonciation. Cette joie transparente est déjà Evangile, Bonne Nouvelle.

Le Père Bernard Häring, théologien moraliste de grande classe, a eu l'audace d'écrire:

"La crise de l'évangélisation est aussi due au fait que, souvent, les théologiens ont été si réticents à l'égard de l'Esprit Saint et que Celui-ci est absent parfois complètement de leurs documents, alors que le Credo nous dit que l'Esprit Saint est source jaillissante de vie, ce qui nous invite à donner constamment à l'Esprit Saint son rôle expérientiel et vivificateur."

Un souvenir personnel

En matière de transmission du message évangélique on ne saurait insister assez sur le contact personnel direct. Nous ne pouvons jamais oublier - tout l'Evangile nous le rappelle - que chaque personne humaine est unique et sans prix, à ne jamais noyer dans l'anonymat de la foule. Cela reste vrai même en matière de télévision religieuse à grande diffusion. J'ai eu un jour une conversation à ce sujet avec le directeur national de la T.V. de mon pays. Nous avions à régler ensemble l'horaire des émissions religieuses. A la fin de l'entretien, je lui demandai quel conseil lui, non-croyant, donnerait à nos prédicateurs du dimanche. Il me répondit: *"Dites leur qu'ils doivent se persuader qu'ils ne parlent pas à une foule mais à quelques personnes, absorbées dans leurs problèmes personnels."*

Prosélytisme: un mot piégé

Le terme *prosélytisme* a pris dans le langage du jour, un sens péjoratif qui ne correspond pas à la signification originelle du dictionnaire où prosélytisme signifie: zèle et ardeur dans l'expression de sa foi.

A présent, le terme s'identifie avec propagande de mauvais aloi. Il va sans dire qu'en ce sens péjoratif il trahit l'évangélisation chrétienne authentique qui exige respect des consciences et liberté d'accueil. Mais il ne faudrait pas que la crainte d'être accusé de prosélytisme réduise le chrétien au silence. Il ne faut pas être dupe de l'équivoque et laisser triompher en nous le démon muet! J'écrivais dans mon livre *l'Eglise en état de Mission:*

"Pour donner Dieu aux hommes, il faut les approcher, les aborder, créer le contact.(...) Aborder une âme est une opération, naturellement et surnaturellement, délicate et complexe. Il y faut du tact, de la sympathie, de la douceur, de la patience, de la compréhension, et, par-dessus tout, cet effacement qui permet à la grâce de passer, et

laisse au Christ, en nous, la possibilité de toucher les cœurs. (...)

Les contacts dont il s'agit se feront dans un esprit de respect, d'oubli de soi, non de supérieur à inférieur, ni d'égal à égal, mais d'inférieur à supérieur, de serviteur à maître, de 'bas en haut', puisque en chaque homme la foi nous montre Notre-Seigneur Jésus-Christ, et que c'est Lui qu'on sert dans le prochain." [*]

Kérygme et catéchèse

En langage théologique, on a coutume de distinguer les deux étapes de l'évangélisation par deux termes distincts. La première phase se nomme le 'kérygme' c'est-à-dire l'annonce, vient ensuite la catéchèse même du message chrétien, c'est à dire l'exposé.

Plus la déchristianisation s'accentue, plus la phase préparatoire s'avère indispensable. Le Cardinal Danneels y attirait à bon droit l'attention:

"La première évangélisation (le kérygme) reste encore à faire. Aussi, faudrait-il que dans la

---

[*] *L'Eglise en état de mission.* 3ème éd. Desclée De Brouwer, 1956, p. 188-191.

situation actuelle (à l'école, en paroisse, dans les différents milieux de vie ou de travail) on crée des 'lieux' et des 'moments' de la première annonce.

Il nous manque les retraites scolaires, les missions paroissiales, les grandes missions rurales des siècles passés qui suscitaient de véritables conversions et de fréquents retours à la pratique. Elles n'ont pas leur correspondant à notre époque.

D'ailleurs prêtres et laïcs sont peu formés à ce genre d'annonce de l'Evangile. Ils se sentent souvent démunis ou gênés. Il faudra trouver de nouveaux outils et de nouveaux 'lieux' pour la première évangélisation, le kérygme.

Nous avons besoin de nouvelles méthodes et de nouveaux types d'évangélisateurs."

J'ajouterais, pour ma part, que nous avons un urgent besoin de retraites du type 'Cénacle de Pentecôte' qui débouche dans un effort d'évangélisation et de rayonnement chrétien.

Et en attendant, comment ne pas souhaiter une révision pédagogique dans nos séminaires pour y initier les candidats à l'approche évangélique des personnes! Il y a urgence à compléter la formation à ce plan-là.

2. LE TÉMOIGNAGE DE LA VIE

Le message chrétien se rend crédible dans la mesure où les disciples de Jésus vivent, au quotidien, la logique de leur foi.

L'homme contemporain est saturé de discours idéologiques ou publicitaires. Aussi, l'annonce de l'Evangile doit prendre corps; s'incarner.

On enseigne avant tout par ce que l'on est: c'est la vie qui donne aux paroles leur force de pénétration. Saint Jean a dit de Jésus: *"Que sa vie était lumière"* (Jean 1,4). A son plan, cela vaut pour chaque témoin du Christ. Le monde a besoin de chrétiens lumineux, transparents de Jésus-Christ. Il lui faut, comme aux enfants, un catéchisme en images, en projection lumineuse.

Chaque chrétien est appelé à être un Evangile vivant, à la portée de tous. Notre prochain nous regarde vivre, et notre vie sera pour lui, la meilleure introduction à la foi.

Wallace E. Norwood a exprimé cette exigence dans une poésie qui nous interpelle tous. Elle s'intitule *l'Evangile, selon vous*. La voici:

The Gospel according to you

The most beautiful story given to men
Was written long ago
By Matthew, Mark, Luke and John,
Of Christ and His mission below.

And you write a Gospel, a chapter a day;
By your deeds, whether faithless or true,
When others read it, what will they think
Of the Gospel according to you?

It's a wonderful story, the Gospel of love,
As it shines with Christ's life divine.
Oh, that its truth might be told again
In the story of your life and mine.

You are writing each day a letter to men;
Take care that the writing is true.
It's the only Gospel some people may read,
That Gospel according to you.

L'Evangile selon vous

La plus belle histoire racontée aux hommes
fut écrite il y a longtemps
par Matthieu, Marc, Luc et Jean:
Ils nous ont révélé le Christ et sa mission sur terre.

Vous écrivez vous aussi un Evangile,
en raison d'un chapitre par jour.
A travers vos actes mauvais ou bons.
Quand votre prochain les lit que va-t-il penser
de 'l'Evangile selon vous-même'.

L'Evangile est une merveilleuse histoire d'amour,
lorsqu'il rayonne à travers la vie divine du Christ
Puisse-t-elle être transmise à nouveau
Dans l'histoire de votre vie, et de la mienne.

Jour après jour, vous rédigez une lettre aux hommes:
Veillez à ce que l'écriture en soit vraie,
car le seul Evangile à leur portée sera
l'Evangile écrit par vous.

Evangéliser et humaniser

Le monde souffre d'une double détresse à affronter:

- la détresse humaine aux multiples visages qui nous bouleverse chaque soir à la télévision par son inhumanité. Les médecins sans frontières, une sœur Teresa de Calcutta, tentent d'y faire face avec courage et persévérance.

- la détresse morale, souffrance de ceux qui ne savent plus pourquoi ils vivent et parfois mettent fin à une existence qui, à leurs yeux, n'a plus de raison d'être.

Il y a les démunis, dépourvus de moyens de vivre et les démunis qui se suicident parce qu'ils n'ont plus de raison de vivre.

Les deux détresses nous interpellent simultanément mais il faut respecter leur exigence propre. S'il importe de lier évangélisation et humanisation, il faut éviter toutefois de poser l'humanisation comme telle, en exigence préalable à l'évangélisation sous le couvert du slogan fallacieux: *'il faut humaniser d'abord, évangéliser ensuite'*. Ce qui voudrait dire qu'il faut d'abord sauver l'homme de ses aliénations pour ensuite - mais ensuite seulement - lui annoncer la Bonne

Nouvelle de l'Evangile. La formule est dangereuse parce qu'elle implique la mise en veilleuse - provisoire? - du devoir d'annoncer le Christ au monde.

Ce qui est contestable dans la formule: *Humaniser d'abord, évangéliser ensuite,* c'est le mot 'd'abord', c'est-à-dire, l'ordre de succession et de priorité.

Non, il faut mener de front les deux devoirs. Ce 'd'abord' et cet 'ensuite' impliqueraient un divorce entre l'évangélisation et l'humanisation. Celles-ci, au contraire, s'appellent mutuellement.

Il faut donner aux hommes à la fois des moyens de vivre et des raisons de vivre. L'un de ces devoirs ne dispense pas de l'autre. Comme l'écrivait très justement le Père Chenu, O.P.:

> *"L'évangélisation est d'un autre ordre que la civilisation. Nourrir les hommes, ce n'est pas en soi les sauver, lors même que mon salut m'impose de les nourrir. Promouvoir la culture, ce n'est aucunement convertir à la foi."*

Le Christ n'est pas seulement 'vie de l'âme'; Il veut faire vivre l'homme intégral. Rien n'échappe à son emprise, qu'il s'agisse de vie familiale ou professionnelle, civique ou économique, nationale ou internationale, le monde des loisirs, de la presse, du

LE CHRÉTIEN AU SEUIL DES TEMPS NOUVEAUX

cinéma, de la radio, de la télévision ou de l'emploi de l'énergie nucléaire.

Jean-Paul II le rappelait en ces termes:

"L'Eglise apporte sa première contribution à la solution du problème urgent du développement, quand elle proclame la vérité sur le Christ, sur elle-même et sur l'homme et l'appliquant à une situation concrète.

La nouvelle évangélisation resterait inachevée sans le concours des chrétiens aux transformations sociales exigées par la logique même de leur foi."

Dans une conférence sur *l'inculturation de la doctrine sociale de l'Eglise,* le Père Hervé Carrier s.j., secrétaire du Conseil pontifical de la culture, terminait par cette conclusion:

"Le message du Christ trouve, en effet, des médiations effectives dans la conscience des hommes et des femmes qui acceptent et aiment Jésus-Christ et qui, par une sorte de contagion culturelle, contribuent à évangéliser les comportements et les structures des sociétés, même les plus apparemment distantes de la foi chrétienne.

Chacun, dans son milieu de vie, témoigne du pouvoir régénérateur du Fils de Dieu, mort et ressuscité pour notre libération. Qui niera l'impact étonnant que ces vérités évangéliques ont exercé et exercent encore sur les sociétés? L'inculturation de l'Evangile social sera l'œuvre de toute la communauté ecclésiale. Au cœur de la réalité sociale, les laïcs ont un rôle décisif.

Les laïcs chrétiens sont aux premières lignes pour l'annonce prophétique de la foi chrétienne et pour son insertion dans tous les secteurs de la vie familiale, sociale, économique, politique et internationale. C'est par eux, concrètement, que la pensée du Christ pénétrera et transformera les cultures et les sociétés. Annoncer Jésus-Christ au monde d'aujourd'hui suppose, en définitive, le témoignage de la sainteté.

De nos jours encore, bien des croyants, et de nombreux laïcs, ont pratiqué l'héroïsme de leur foi, souvent même jusqu'au martyre, pour annoncer la libération des personnes et des sociétés en Jésus-Christ.

L'inculturation du message social chrétien est avant tout l'œuvre de l'Esprit, qui sanctifie en premier lieu les évangélisateurs et donne à leurs paroles et surtout au témoignage de leur vie la force mystérieuse du Christ ressuscité."

Malheur,dit l'Ecriture, à l'homme seul. On ne fait pas face et front isolément. Le Seigneur veut mettre les siens 'ensemble'. Pas nécessairement en nombre élevé: *Là où deux ou trois sont réunis en mon nom, je serai au milieu d'eux,* a-t-Il dit.

Les apôtres étaient douze, finalement, mais, dans certaines circonstances, ils n'étaient que trois: au Thabor, au jardin de l'Agonie.

Par voie de voisinage, de mise en commun pure et simple, de réseau de communication, de rencontres à rythmes réguliers, il faut etre plusieurs, a-t-on dit, pour être intelligent.

C'est vrai aussi, pour tendre 'intelligemment', ensemble, à la sainteté. L'Esprit Saint veut des charismes complémentaires. Il faut édifier une cellule pour édifier le Corps. La cellule - le 'team' - est le premier tissu ecclésial.

Un chrétien de grand format: Frank Duff

Frank Duff, Irlandais, était un pionnier pour entrainer les laïcs à l'Evangile. Il a fondé la Légion de Marie en 1921 pour entraîner les laïcs à la sainteté par l'évangélisation. Le fondateur de la Légion de Marie qui fit surgir l'apostolat chrétien à grande échelle dans plus de 2000 diocèses du monde - dont le procès de béatification a commencé au niveau de l'archidiocèse de Dublin - nous offre par sa vie un éclatant exemple d'apostolat laïc à travers le continent.

Dans le deuxième tome de mes *Souvenirs* intitulé: *Les Imprévus de Dieu* j'ai imaginé l'interview que Frank Duff donnerait, du haut du ciel, à un journaliste qui l'interrogerait en perspective d'aujourd'hui. Voici cette page:

Au Ciel, on ne donne guère d'interviews? Mais si, par exception, Frank Duff pouvait nous dire quelques conseils, valables pour toute évangélisation présente au future, il me semble qu'il nous dirait:

- qu'il faut continuer la bataille, pour convaincre tout chrétien qu'il doit être apôtre en vertu de son baptême, et que c'est là un devoir primordial à rappeler, contre vents et marées.

- qu'il nous faut annoncer l'Evangile, en paroles et en actes, toujours et partout, et que cela oblige à être en état permanent 'd'apostolicité'.

- qu'il faut oser croire que l'impossible est divisible en petites fractions 'possibles', et oser marcher sur les flots.

- qu'il faut valoriser et privilégier l'approche directe, par contact personnel et témoignage vivant.

- qu'il faut que le laïc assume sa responsabilité propre, mais en osmose étroite avec le prêtre, qui a un rôle indispensable comme interprète de la pensée de l'Eglise et comme conseiller moral.

- qu'on ne peut vivre son christianisme seul, mais qu'il faut former des cellules vivantes de chrétiens qui s'engagent à se rencontrer à intervalles réguliers, pour prier ensemble, et se soutenir dans leur tâche d'évangélisateurs.

- que l'apostolat est un mystère de Rédemption, et que 'les âmes se paient au prix fort'."

J'ai cru entendre la voix de Frank Duff résonner encore à travers une homélie du Cardinal Danneels.

L'essentiel de son discours à Beauraing (juillet 1991) a été résumé comme suit dans un périodique (Koinonia n°5 mai 1992):

Si vous parlez de Dieu à quelqu'un, dites simplement ce qui vous vient sur la langue, ne cherchez aucun mot difficile et surtout aucun truc pour convaincre, laissez simplement échapper de votre bouche le nom de Jésus ... restez vous-mêmes.

Si vous ne connaissez que trois paroles de l'Evangile, eh bien! dites ces trois paroles ...

Commencez directement à parler de Jésus et puis, dit Saint Paul, de Jésus crucifié, ne cherchez pas dans l'Evangile ce que vous croyez qui plaira à votre interlocuteur ... dites la vérité sur Jésus ... parlez de sa pauvreté, de la pureté de son cœur, de sa passion ... n'amadouez pas le message.

Ne dites jamais, je suis faible, je parle mal, je n'ai pas de talent, je sais à peine dire deux phrases de suite, je suis même pécheur, je suis tellement faible et pauvre que je ne mérite pas de prêcher Jésus.

Car c'est précisément parce que vous êtes faibles, que vous êtes pécheurs, que vous n'avez pas de talents, que vous n'êtes pas doués pour la mission, que vous allez réussir.

Car si vous étiez forts, éloquents et compétents, formés en théologie et sans péchés, vous croiriez facilement, quand quelqu'un vous écoute, que c'est vous qui l'avez converti et cela le Seigneur ne le permettra jamais parce qu'Il veut qu'il soit clair que ce n'est pas vous qui convertissez, comme dit Saint Paul, mais la puissance de sa Parole. Quand je suis faible, dit Saint Paul, c'est alors que je suis fort".

49

Le miracle de la mission, poursuit le Cardinal Danneels, *consiste en ce que des gens simples ouvrent la bouche. Ce n'est que de cela que vous devez vous préoccuper, non pas de ce qui précède et non pas de ce qui suit mais de ce moment même où les lèvres se détachent.*

CHAPITRE III

La fraternité chrétienne

"La valeur d'une Eglise ne s'apprécie pas au nombre de ses adhérents, fussent-ils pratiquants, mais au témoignage évangélique que donnent les communautés qui la composent."

Mgr Gérard Huyghe[*]

1. LE CHRÉTIEN, ÊTRE 'EN COMMUNION'

Le chrétien est un être 'en communion'. Il est invité à dire le Pater au pluriel, et à traduire, en termes de fraternité, les exigences de sa foi.

---

[*] Ancien évêque d' Arras.

Le Seigneur l'invite à la communion Eucharistique qui est, par excellence, mystère de communion avec Lui-même, et avec ses frères unis en Lui.

C'est vers cet idéal que doit tendre le chrétien des temps nouveaux, s'il veut vivre la pleine logique de sa foi. C'est en se situant dans le mystère du Corps mystique qu'il trouvera sa stature et le plein épanouissement de ce pourquoi il a été créé et baptisé.

Un chrétien ne peut vivre son christianisme seul. Il a besoin de le vivre avec d'autres chrétiens qui 'partagent' sa foi, au sens propre du terme. Il doit mettre sa foi en commun avec d'autres, en échange réciproque, en osmose. Vae soli: *Il n'est pas bon que l'homme soit seul* (Gn 2,18), est-il dit aux premières pages de la Genèse.

Si l'homme est un être social, le chrétien l'est doublement: au titre de sa création et à celui de son baptême qui l'introduit dans le Christ vivant, pour faire *Corps avec Lui.*

La réalité de foi doit se tisser dans la réalité psychologique afin de vivre en équilibre naturel et surnaturel.

"Même le Pape a besoin de frères" écrivait le patriarche Athênagoras. Et ceci pour son propre équilibre, et pour son épanouissement humain et

surnaturel. Cette loi du partage est vitale pour tous et en tout temps, mais spécialement en notre temps où les supports sociologiques d'une société chrétienne ont quasiment disparu, où toutes les valeurs sont remises en cause, où la religion est de plus en plus privatisée et isolée de la vie publique.

2. LE LIEN DE NOTRE FRATERNITÉ

Les statistiques ont attiré l'attention sur la baisse sensible de l'assistance des fidèles à la messe dominicale.[*]

Ces chiffres ne peuvent nous laisser indifférents: ils nous interpellent tous et nous forcent à un examen de conscience car, si la fidélité à ce précepte n'est pas le seul critère de la vitalité religieuse, elle en est un des signes révélateurs les plus marquants.

Demandons au Seigneur de nous éclairer Lui-même sur la signification de ce recul.

Tout d'abord, il me paraît important de ne pas nous laisser enfermer dans une vision purement

---

[*] Ce terme 'messe dominicale' englobe aussi la messe anticipée du samedi soir.

sociologique des choses. La vitalité chrétienne ne se mesure pas en chiffres ni en nombres, mais en profondeur. Jésus n'a jamais dit que ses disciples seraient majoritaires dans le monde: Il a parlé de levain dans la pâte, et de sel. Ce sont des symboles qui nous rappellent que la puissance de l'Esprit ne se mesure pas en termes quantitatifs. Les apôtres n'étaient que Douze pour porter la Bonne Nouvelle jusqu'aux extrémités de la terre. Les premiers chrétiens étaient noyés dans une masse païenne et, ils eurent à verser leur sang par fidélité au Seigneur.

Depuis que le christianisme avec Constantin est devenu religion d'état dans l'Empire romain la 'qualité' chrétienne a plus d'une fois été victime de sa réussite quantitative, au détriment de l'engagement personnel de chaque baptisé. Hier encore, nous avons connu un état de chrétienté où une population presque homogène vivait sa vie religieuse et profane au rythme même de la liturgie, tandis que le chrétien d'aujourd'hui est immergé dans un monde pluraliste où tout est remis en question.

Cette situation nous accule à reprendre conscience de nous-mêmes, de notre identité chrétienne personnelle et collective. Elle nous invite à faire un pèlerinage aux sources du christianisme et à nous re-situer dans le prolongement de l'Eglise primitive.

Pour n'être pas une image sans ombres - il suffit de lire Saint Paul pour s'en convaincre - elle reste pour nous source d'eau vive. Ce qui frappe tout d'abord à la lecture des Actes des Apôtres, qui nous racontent l'histoire de l'Eglise naissante, c'est le souci de chaque chrétien de porter partout où il va, témoignage de sa foi.

Trop de chrétiens - même pratiquants - ne sentent pas assez combien le chrétien est 'un chargé de mission', 'un homme à qui Jésus-Christ a confié d'autres hommes' (Lacordaire), un homme qui non seulement accepte la foi pour lui-même et les siens, mais la confesse et la proclame, sachant que Jésus a dit: *"quiconque se déclarera pour moi devant les hommes, à mon tour, je me déclarerai pour lui devant mon Père"*. (Mt 10,32)

Adhérer à la foi, être baptisé dans l'eau et dans l'Esprit Saint, c'était pour le chrétien d'origine, en partager aussitôt le secret et la joie autour de lui, c'était la traduire en paroles et en actes, au fil de la vie quotidienne, en plein cœur du paganisme ambiant. Partage des biens, souci des pauvres - la collecte de Paul pour les pauvres de Jérusalem en témoigne - hospitalité généreuse pour les frères en voyage, tout cela découlait comme de soi, d'une foi vécue en commun. Chacun se sentait co-responsable, porteur d'un message de vie. Ces chrétiens avaient rencontré

Jésus-Christ; Il était devenu 'Quelqu'un' dans leur vie; Il était devenu le Maître et le Seigneur.

Cela changeait pour eux la face des choses: ils avaient en Lui le secret de la vie et de la mort, ils avaient en Lui et par Lui accès au Père, dans un même Esprit. De là à se retrouver ensemble pour proclamer leur foi en Jésus et célébrer l'Eucharistie - mémorial de sa passion et de sa résurrection - il n'y avait qu'un pas à faire. Les chrétiens d'alors n'avaient nul besoin d'un précepte pour confesser le Christ et célébrer ses mystères; Il était la raison même de leur vie. Le rassemblement des disciples autour de la table du Seigneur était la logique même de leur foi.

On ne redressera fondamentalement la situation présente que lorsque chaque chrétien aura compris la vocation - la grandeur - qui est la sienne en vertu de son baptême et que les communautés chrétiennes vivantes - faites avec des chrétiens pleinement engagés - en porteront, au cœur du monde, le témoignage collectif.

Mais, poursuivons la lecture des Actes des Apôtres, pour éclairer notre conscience par comparaison, sinon par contraste. En lisant ces pages, on est frappé de voir combien la vie chrétienne était la base des rencontres fraternelles multiples. *"Les premiers disciples,* y est-il dit, *se montraient assidus à l'enseignement des apôtres, fidèles à la communion fraternelle, à la fraction du pain et aux prières."* (Actes 2,42)

Il faut peser tous les mots. La communauté chrétienne était une communauté 'apostolique', c'est-à-dire centrée sur la Parole de Dieu transmise, commentée, interprétée par les apôtres. Dès le départ, c'est là une référence essentielle: une communauté n'est chrétienne que par ce rattachement profond aux apôtres et à leurs successeurs et à travers eux à la Parole de Dieu.

Cette communauté se distingue par une chaleur de communion fraternelle: *voyez comme ils s'aiment,* disaient les gens autour d'eux.

Cette communion n'est pas la résultante de conventions humaines, d'un but commun, préétabli, choisi de commun accord; elle s'enracine elle-même dans la communion au Seigneur, à sa Parole, à son Esprit, à son Eucharistie. Il est dit explicitement que les fidèles se retrouvaient pour la fraction du pain, c'est-à-dire pour célébrer le 'mémorial du Seigneur' ainsi Jésus l'avait commandé aux siens, pour participer au mystère de sa mort et de sa résurrection 'jusqu'à ce qu'Il revienne'. C'est le Christ Jésus, vivant en eux, qui réalise cette unité transcendante, par delà tout ce qui sépare et divise les hommes.

Ils étaient assidus aussi, non seulement à l'assemblée liturgique, mais à ces réunions de prières que les Actes mentionnent avec une étonnante fréquence. Lorsque Pierre sort de prison *il se rendit à la maison de Marie, mère de Jean surnommé Marc, où une assemblée assez nombreuse s'était réunie et priait.* (Actes 12,12)

Lorsque Paul est arrêté et enfermé, dans un cachot, les pieds serrés dans des ceps, on nous le décrit en prière: *Vers minuit, Paul et Silas, en prière, chantaient les louanges de Dieu: les prisonniers les écoutaient.* (Actes 16,25)

Pareilles prières spontanées, collectives, faisaient partie du rythme même de la vie chrétienne: elles prolongeaient et encadraient les célébrations liturgiques, qui en étaient en quelque sorte les temps forts.

L'histoire de l'Eglise primitive nous montre aussi comment progressivement la célébration eucharistique s'est orientée vers le dimanche. Au début, les chrétiens - comme Jésus Lui-même - continueront à fréquenter le Temple de Jérusalem, tout en se réunissant entre eux pour prier et s'instruire de l'enseignement du Maître. Le sabbat, jour de repos du peuple juif, fit place pour les chrétiens au dimanche, reconnu jour du Seigneur. La signification de ce choix s'éclaire à la lumière pascale. Chaque chrétien se retrouvait ainsi en communion avec ses frères pour célébrer la Pâques du Seigneur, son passage de la mort à la résurrection. C'était le jour festif par excellence, le jour où nous célébrons l'événement décisif de notre propre vie. Car c'est dans la mort du Christ qu'est enseveli notre mort et que notre vie triomphe à jamais.

On n'en finirait pas de montrer combien, à travers les âges, le mystère de Pâques, qui culmine dans la Pentecôte, domine l'horizon de l'Eglise, combien l'alleluia pascal retentit comme un carillon de fête au cours de la liturgie et donne aux chrétiens le climat spirituel qui leur permet, à travers la souffrance et les épreuves, d'expérimenter déjà la joie inaltérable et la présence de Dieu. Pâques, et son achèvement la Pentecôte, c'est la réconciliation de l'humanité, - de cet enfant prodigue dont parlait Jésus et dont Il assuma toutes les faiblesses et les misères - avec le Père qui ouvre les bras à son Fils pour l'accueillir Lui - et nous en Lui - dans la gloire de son amour.

Si nous voulons redécouvrir le sens profond de la célébration de l'Eucharistie, il nous faut reprendre conscience de la signification pascale que chaque dimanche nous rappelle - et retrouver le sens de l'alliance nouvelle et éternelle - qui nous fait entrer de plein droit dans l'intimité même de Dieu.

Si l'Eglise, aujourd'hui encore, nous invite à célébrer ensemble chaque dimanche le mémorial du Seigneur, elle le fait par fidélité au Maître et par souci de continuer une tradition de prière, vitale pour sa propre existence communautaire, et par son rayonnement dans le monde.

Cette invitation a pris la forme, au cours des âges, d'un précepte grave parce que l'Eglise sait combien pareille rencontre fraternelle avec le Seigneur est source de vie. Ce serait méconnaître son intention profonde que d'y voir un précepte légaliste, arbitrairement imposé du dehors: ce précepte ne fait que traduire et concrétiser l'invitation du Seigneur à ses disciples de manger la Pâques avec Lui jusqu'à son retour en gloire.

En vérité, il ne s'agit pas d'abord de 'devoir' assister à la messe, mais de 'pouvoir' y participer. Il ne s'agit pas d'abord de ce que nous y ressentons nous-mêmes, mais de ce que le Seigneur y accomplit. La foi seule peut nous ouvrir à ce 'mystère de foi', et nous conduire à en mesurer ou entrevoir le prix.

A qui serait tenté de dire que la célébration liturgique, qui s'offre à lui, est trop étrangère à la vie, aux problèmes des hommes, trop artificielle et trop anonyme pour être une vraie communauté et une liturgie vivante, nous dirons: 'Vous n'avez pas le droit de critiquer la célébration dans votre paroisse sauf si vous avez épuisé tous les moyens pour y apporter personnellement quelque chose de vous-même'. L'Ecriture compare les chrétiens à des pierres vivantes qui doivent édifier ensemble le Corps du Christ. L'Eglise ne se construit pas en préfabriqué mais en cimentant les pierres une à une et c'est à nous tous qu'il appartient d'en faire le temple vivant où Dieu habite.

En formulant ce précepte, l'Eglise restait dans la ligne et la tradition des communautés primitives, dont les pasteurs *enseignaient au peuple, par des préceptes et des exhortations, à fréquenter l'assemblée et à n'y jamais manquer'*; ils les invitaient à être toujours présents, afin qu'ils ne diminuent pas l'Eglise par leur absence et qu'ils ne privent pas le Corps du Christ d'un de ses membres.[*]

En renouvelant avec insistance ce même appel à tous les chrétiens, particulièrement aux jeunes, l'évêque se sait l'interprète autorisé de l'Eglise, en continuité avec les générations qui nous ont précédées, fidèle aussi aux traditions que nous ont léguées les générations, en communion avec tous ceux qui ont été pour nous à travers les âges nos pères dans la foi.

---

[*] Citation tirée d'un texte de la Didascalie.

A l'adresse de chacun d'entre vous, je voudrais faire mienne la prière de Saint Paul:

"Je fléchis les genoux en présence du Père de qui toute paternité au ciel et sur terre, tire son nom. Qu'Il daigne, selon la richesse de sa gloire, vous armer de puissance par son Esprit pour que se fortifie en vous l'homme intérieur, que le Christ habite en vos cœurs par la foi, et que vous soyez enracinés, fondés dans l'amour." (Eph. 3,14-17)

A tous je voudrais dire: nous avons à retrouver la paternité et la primauté de Dieu, la gratuité de son Amour, le sens de l'adoration et de la louange. Nous sommes tellement plongés dans une civilisation matérielle que lorsque nous voyons, à l'écran de la TV ou autour de nous, des hommes prosternés en prière, tels nos frères de l'Islam, nous nous étonnons de leur geste d'adoration et de leur fidélité à professer ainsi publiquement leur foi en Dieu.

Ils nous rappellent - qu'ils en soient remerciés - que ni l'homme ni la société, ne se suffisent à eux-mêmes et que le premier de tous les commandements reste: 'le Seigneur Dieu tu adoreras'.

Ce devoir d'adoration et de louange, nous avons à le vivre et à l'exprimer, à la face de Dieu et à la face du monde. Nos magnifiques cathédrales de pierres, de plus en plus écrasées par les constructions géantes de la technique moderne, nous rappellent, malgé tout, par leur élan vers le ciel, la dimension première de toute existence humaine.

Puissent nos assemblées dominicales proclamer dans le monde d'aujourd'hui la primauté de Dieu, Père des hommes et garant le plus sûr de la fraternité humaine. Puissent les chrétiens retrouver la joie pascale qui est au cœur de toute liturgie et de toute vie qui se laisse façonner par elle.

Les paroles de Saint Paul, je voudrais les faire miennes, en guise de conclusion: *"Comment* disait-il, *ne pas proclamer les grandes œuvres de Dieu?"* (Actes 2,11), ainsi que le fit la Vierge dans son 'Magnificat'? Mais comment trouver des expressions adéquates? L'Eglise qui sait bien que le sentiment religieux peut s'élever à des hauteurs ineffables a trouvé une solution: c'est de condenser la jubilation, l'émotion, l'amour en une seule parole, en une seule exclamation: *Alleluia!*

'Alleluia', c'est là le cri pascal et c'est un cri biblique très ancien. Nous le trouvons déjà dans l'Ancien Testament,* et il est largement entré dans les liturgies du Nouveau Testament. Il signifie: louez le Seigneur! Il a servi spécialement à donner à la joie

---

* Voir Psaume 135,3

spirituelle sa note spontanée et explosive, qui dit tout et qui voudrait dire encore davantage.

Le chant sacré y a trouvé le thème de ses digressions mélodiques les plus délicieuses, comme aussi la voix pour ses puissantes acclamations collectives, *mais toujours pour exprimer une joie jaillissant du cœur, débordant de foi et d'amour.* (Apocalypse 19,1,7) 'Alleluia!' Arrêtons-nous à ce cri, et avec la liturgie, faisons-le nôtre.

Puissent les chrétiens retrouver le sens pascal qui est au cœur de leur foi et se retrouver ensemble au jour du Seigneur pour célébrer ce mystère et pour en vivre au cœur du monde.

3. RETROUVER LE LIEN D'UNE FRATERNITÉ VECUE

L'homme seul est en mauvaise compagnie. Nous avons à traduire au concret, la parole de Jésus: *"Là où deux ou trois sont réunis en mon nom, je serai au milieu d'eux"*, et à en faire l'application pastorale en suscitant des 'cellules chrétiennes évangéliques'. Que les chrétiens qui veulent vivre pleinement leur christianisme s'associent de plus en plus à ce plan.

L'avenir religieux de nos paroisses dépendra de ces groupes fraternels vivant leur christianisme 'ad intra', c'est-à-dire en partage spirituel avec d'autres chrétiens et 'ad extra', en partage apostolique, car les chrétiens ne garderont la foi que s'ils apprennent à la rayonner. *Qui veut garder son âme,* a dit Jésus, *doit la perdre.* Il en va de même de la foi: elle ne se maintient qu'en se donnant.

Il y a urgence à promouvoir ces cellules de base. Le chiffre "deux ou trois" n'est qu'exemplatif, mais il indique un groupe restreint, qui dépendra des affinités de voisinage ou de culture mais qui doit en tous cas permettre des rencontres régulières à durée déterminée, où chacun peut s'exprimer. L'essentiel c'est que ces groupes permettent des relations fraternelles vraies et des rencontres à rythme régulier.

*

* *

Le Seigneur Lui-même employait ce vocabulaire fraternel: *"Simon, quand tu seras revenu, affermis tes frères."* (Luc 12,31) Ou encore à Marie-Madeleine: *"Marie, va trouver les frères (ou mes frères)".* Les premiers chrétiens s'appelaient entre eux *frères* et *sœurs.* Cette terminologie s'est affaiblie peu à peu au cours des siècles pour finalement, à quelques exceptions près, ne désigner que les membres des communautés religieuses. Cette restriction et glissement de vocabulaire a affaibli la conscience de la fraternité des chrétiens. Au-delà d'une question de vocabulaire, tout un style de vie entre chrétiens y est engagé.

Aujourd'hui, l'apparition de communautés nouvelles tend à revaloriser entre chrétiens cette priorité fraternelle. On a pu dire à bon droit que la clef d'un authentique renouveau de l'Eglise se trouve dans la reprise de conscience de la fraternité entre chrétiens.

> "*Il nous faut,* a-t-on dit, *recréer à tout prix, et au plus tôt, dans l'Eglise, une communauté de base susceptible de rétablir entre nous une authentique fraternité chrétienne, faute de quoi la désaffection, la stérilité et la dispersion continueront de nous ronger, au delà de tous les essais de réforme et de toutes les tentations de rassemblement."* *

Il nous faut refaire le tissu de nos paroisses pour qu'elles soient, non un rassemblement anonyme, mais une communauté vraie vers laquelle chaque groupe particulier converge pour la célébration Eucharistique dominicale et pour les initiatives communes indispensables.

---

* J.P. Audet : *Le projet évangélique de Jésus,* Foi vivante. Aubier 1969 page 148.

Le défi des sectes

Nous y sommes acculés non seulement par le phénomène de la déchristianisation mais aussi par le défi que nous adresse l'incroyable recrudescence des sectes. Elles nous montrent, par leur attirance même, le danger mortel de l'anonymat de nos paroisses où le sens de la fraternité chrétienne survit avec peine. Ce besoin de rencontrer des frères est vrai particulièrement au plan des jeunes qui cherchent une communauté de jeunes pour se sentir reconnus et valorisés. C'est vrai aussi pour tout chrétien qui veut vivre sa vie chrétienne, si souvent à contre-courant du monde ambiant. Il a besoin de frères qui acceptent loyalement de vivre avec les exigences de l'Evangile, avec toutes ses conséquences, dans la vie de tous les jours.

Le Concile Vatican II, en mettant l'accent sur 'le Peuple de Dieu' dans la définition de l'Eglise, a - par le fait même - invité les chrétiens à redécouvrir leur lien premier: le Baptême, et la fraternité chrétienne qui en résulte entre tous les baptisés.

Il n'y a pas lieu de craindre que la relation fraternelle des chrétiens entre eux fasse obstacle à leur ouverture au monde. Ils sont un en Jésus-Christ, mais leur unité est identiquement catholicité: ils sont 'un' pour que le monde croie. Ils sont 'un' pour que leur fraternité même, vécue, active, agissante, soit un signe de leur authenticité. Dans un monde qui se meurt de ne pas connaître Jésus-Christ et où les hommes s'entredéchirent, ils ont comme mission de leur révéler la véritable fraternité humaine à partir de sa source: Jésus-Christ, le Fils unique de Dieu, selon l'expression chère à Charles de Foucauld: *le frère universel des hommes*.

CHAPITRE IV

Au seuil des temps nouveaux

Toi qui luttes, ne perds jamais l'espérance,
car si tu perdais l'espérance,
comment trouverais-tu l'inespéré.

Héraclite

1. UN RENOUVEAU D'ESPÉRANCE THÉOLOGALE

Un chrétien n'est authentique que s'il est animé par l'espérance. Saint Pierre allait même jusqu'à proclamer qu'un disciple du Christ *"doit être en mesure, à tout moment, de rendre raison de l'espérance qu'il porte en lui."* (1P. 3,15) L'espérance est une composante de notre être. Elle a mauvaise presse aujourd'hui; on la soupçonne de servir de tranquillisant ou d'alibi.

Il est nécessaire de réhabiliter l'espérance chrétienne et de lui rendre toute sa place. L'espérance est, aujourd'hui comme hier, vertu théologale. Ce qui signifie: une vertu prenant source et appui en Dieu même et en Lui seul. Elle se joue de nos statistiques, de nos calculs de probabilités, de nos prospectives. Elle déroute nos prévisions. *"Vos pensées,* dit Dieu, *ne sont pas mes pensées, et mes voies ne sont pas vos voies."*(Is 55,8) Elle est au service du Dieu *Maître de l'Impossible.*

L'heure présente nous accule à nous dégager de notre optimisme facile, de nos stratégies trop humaines, et à alimenter notre espérance à sa source suprême: la Parole de Dieu et son amour inépuisable, invulnérable, inlassable. Tout indique que nous sommes à l'un des grands tournants de l'histoire de l'Eglise, où l'Esprit opère, à des profondeurs nouvelles, un mystère de mort et de résurrection. C'est l'heure d'écouter attentivement, en un silence intérieur, *"ce que l'Esprit dit aux Eglises."* (Ap 2,29)

Le Concile est venu: il fut une grâce sans prix. Il a ouvert des perspectives neuves, et posé des jalons importants pour le renouveau de l'Eglise. Mais il a laissé à l'avenir le soin de mener à ses pleines conséquences la logique de ses options fondamentales.

Les Pères du Concile n'ignoraient pas que l'œuvre à accomplir dépassait la capacité des hommes. Ils l'ont affirmé sans ambages: *"C'est l'Esprit Saint,* ont-ils dit, *qui renouvelle l'Eglise, qui l'instruit, qui la dirige par* *ses dons et la rajeunit avec la force de l'Evangile.*" *

Il faut peser ces mots. Au-delà des hommes et de leurs limites c'est vers l'Esprit qu'il faut tourner nos regards. L'historien de l'avenir dira que le Concile a ouvert quelques fenêtres du Cénacle et qu'une première brise de printemps y est entrée. L'Esprit Saint dispose encore d'autres voies et moyens de renouveau. Il arrive qu'au cours des âges, Il suscite brusquement, sans préavis, des *gulfstreams* de grâces, à travers l'action de quelques saints qui dominent leur époque. François, Dominique, Catherine de Sienne, Ignace, Thérèse d'Avila attestent avec éclat sa présence à des heures particulièrement difficiles pour l'Eglise.

La foi nous enseigne aussi que la souffrance est germe de vie. Il est normal dès lors que les souffrances actuelles de l'Eglise invitent très spécialement à l'espérance: rien n'est plus riche d'avenir que le Vendredi-Saint.

2. ESPÉRANCE ACTIVE

L'espérance chrétienne authentique ne peut pas être isolée du devoir de la communiquer aux hommes. Une lumière ne peut être mise sous le boisseau: elle est par

---

* Lumen Gentium 4.

nature rayonnante. Le devoir de l'apostolat doit s'inscrire au cœur même de notre foi. La première question de notre vieux catéchisme de notre enfance demandait: *Pourquoi sommes-nous créés?* On répondait: *Pour connaître, aimer et servir Dieu.* La réponse s'arrêtait là. On oubliait d'ajouter: *et pour Le faire connaître, Le faire aimer, Le faire servir.* Cette lacune nous a conduit à une vision partielle de notre vocation chrétienne où le devoir de l'apostolat n'est pas intégré à notre identité chrétienne. Il nous faut avouer honnêtement que l'Eglise institutionnelle n'a pas suffisamment souligné, dans le passé, le devoir de porter l'Espérance évangélique aux hommes et de n'avoir pas dégagé assez fortement le devoir de l'espérance en actes. Le *Catéchisme de l'Eglise catholique* rapelle opportunément que *"la vertu d'espérance assume les espoirs qui inspirent les activités des hommes."* (n°1818).

Un de nos grands théologiens, le Père Avery Dulles s.j., dans une importante conférence à l'Université de Fordham intitulée: *Jean-Paul II et la Nouvelle Evangélisation,* a noté, en quelques traits, le chemin parcouru dans le réveil chrétien du devoir d'évangélisation. Il note tout d'abord que Vatican I n'a employé le terme *Evangile* qu'une seule fois et n'a jamais employé le terme évangélisation. Par contre Vatican II l'a mentionné 157 fois. Mais a-t-il été entendu et vraiment compris? A. Dulles répond à cette question cruciale:

"La majorité des catholiques n'est pas très préoccupée d'évangélisation. Le mot même a pour eux une résonance protestante. L'Eglise Catholique est fortement institutionnelle, sacramentelle et hiérarchique dans ses structures. Son activité est par priorité concentrée sur l'instruction et le soin pastoral de ses propres fidèles dont les besoins et les demandes absorbent toute l'attention de l'Institution.

Absorbé par les problèmes intérieurs de l'Eglise - et occasionnellement par des problèmes de paix et de justice - le catholique contemporain se sent relativement peu responsable vis-à-vis de la foi à communiquer. Ce n'est que si l'Eglise est fidèle à sa mission évangélique qu'elle peut espérer apporter une contribution spécifique dans les sphères sociales, politiques et culturelles.

Et de conclure: *Pendant des siècles, l'évangélisation a été un enfant pauvre mal intégré dans la famille. Même quand le terme a été employé, l'évangélisation a été considérée comme une affaire secondaire, comme une vocation spéciale concernant quelques prêtres et religieux(ses).*

Il semble que nous voyons naître aujourd'hui un nouveau catholicisme, authentiquement évangélique, sans pour autant perdre ses dimensions intellectuelles, sacramentelles, sociales."

Comment ne pas communier à cette espérance qui jaillit du cœur même de notre foi, et faire confiance à l'Esprit Saint pour que les chrétiens retrouvent enfin - en pleine visibilité - la puissance rénovatrice de leur foi.

DEUXIEME PARTIE

Le chrétien, animé par l'Esprit Saint

CHAPITRE V

La Pentecôte initiale,
fondatrice de l'Eglise

*"Le premier besoin de l'Eglise
est toujours de vivre la Pentecôte".*

Paul VI

Au moment de quitter ses apôtres, à l'Ascension,
Jésus leur enjoignit de ne pas s'éloigner de Jérusalem,
mais d'attendre la promesse du Père. *"Que vous avez
entendue,* dit-Il, *de ma bouche: Jean a baptisé dans
l'eau mais vous, c'est dans l'Esprit Saint que d'ici peu
de jours vous serez baptisés".* (Ac. I, 4-5)

Obéissant à l'injonction du Maître, les apôtres s'en
retournèrent à Jérusalem dans la 'Chambre Haute',

leur lieu habituel de rencontre. Ils y attendirent que la promesse s'accomplisse, persévérant d'un cœur unanime dans la prière, en communion d'attente et d'espérance avec Marie, mère de Jésus.

Les Actes des apôtres nous racontent comment l'Esprit Saint se manifesta au premier groupe des cent vingt disciples, le jour de la Pentecôte, sous la forme d'un vent violent qui secoua la maison, et de langues semblables à du feu qui se partagèrent sur chacun d'eux.

Cette effusion de l'Esprit marque la naissance visible de l'Eglise: elle transforma les apôtres craintifs et tremblants, Pierre le premier, en témoins intrépides du Christ, qui allaient désormais, avec force et puissance, annoncer que Jésus crucifié était ressuscité et vivant, et l'attester par des signes et des prodiges, jusqu'au martyre inclusivement.

1. LA PENTECÔTE CONTINUÉE

Mais l'effusion de l'Esprit n'est pas un fait révolu du passé: la Pentecôte, comme expérience transformante par la vertu de l'Esprit Saint, se poursuit dans l'Eglise.

Les Actes des apôtres signalent déjà d'autres expériences où la présence de l'Esprit éclate et provoque des conversions, des guérisons, des orientations pastorales nouvelles. La Pentecôte reste d'actualité.

Hier, Jean XXIII, annonçant le Concile, n'a pas craint d'en appeler à une inspiration spéciale de l'Esprit Saint et à demander aux évêques de se mettre en prière, avec Marie, et de supplier l'Esprit Saint *"de renouveler de nos jours ses merveilles, comme pour une nouvelle Pentecôte"*.

Après lui, Paul VI a affirmé que: *"Le premier besoin de l'Eglise est toujours de vivre la Pentecôte"*.

Et de nos jours, Jean-Paul II a répété, à de multiples occasions, que la Nouvelle Evangélisation doit prendre son élan à partir de la grâce pentecostale.

L'expérience de l'Esprit Saint, vécue en réponse à la prière, - expérience de conversion, de découverte du Christ vivant, d'ouverture à l'Esprit Saint, à ses dons, ses charismes, sa puissance - est sensible, sous nos yeux, à travers le courant de grâce qui se nomme le Renouveau charismatique, mais qu'il vaudrait mieux nommer, pour faire droit à toute son ampleur et écarter tout exclusivité, *le Renouveau dans l'Esprit Saint*.

Cette expérience d'une effusion de l'Esprit Saint, est une grâce offerte à tout le peuple de Dieu, aussi bien aux laïcs qu'aux religieux, prêtres, évêques.

Nous avons tous à la demander humblement dans la prière, avec une foi expectante, sachant que la Pentecôte reste toujours actuelle, que les charismes de l'Eglise primitive n'appartiennent pas au passé, comme l'a rappelé Vatican II, que le Seigneur veut encore, en nous et à travers nous, accomplir par son Esprit des merveilles de grâces.

Les fruits de 'ce baptême dans l'Esprit' sont trop abondants pour ne pas y reconnaître un courant de grâces qui déborde les Groupes de prière ou les Communautés dites charismatiques.

C'est un Renouveau dans l'Esprit Saint que le Seigneur offre à son Eglise toute entière dans la liberté bouleversante de l'Esprit.

2. CROIRE À L'ESPRIT SAINT DANS L'ÉGLISE

Lorsque le chrétien entre par le Baptême dans le mystère du Christ, il s'insère, tout à la fois, dans le mystère de sa mort et de sa résurrection, et il s'ouvre à l'effusion de l'Esprit Saint.

Baptisé dans l'eau, symbole de régénération, il l'est, du même coup, dans l'Esprit qui le vivifie et le sanctifie.

Il est important de croire à cette sainteté initiale, qui nous est donnée gratuitement, et dont nous avons à vivre, au fur et à mesure de la vie, le crescendo d'exigences. C'est un retournement de perspective: la sainteté du chrétien n'est pas au terme de ses efforts ou de son ascension vers un sommet qui se dérobe, mais une assomption dont l'initiative première est en Dieu.

Dans le Credo, l'Eglise est appelée 'une, sainte, catholique et apostolique'. De ces quatre attributs le plus primitif est celui de 'l'Eglise sainte'. Elle est appelée 'sainte' dans les formules les plus anciennes du Credo.

Il est probable que l'expression la plus antique était: *Je crois à l'Esprit Saint dans la Sainte Eglise.* La sainteté de l'Eglise apparait comme le don initial de l'Esprit. C'est avec raison que nos ancêtres dans la foi parlaient de 'Notre Mère la Sainte Eglise'. Ces mots ne sont pas de la pieuse littérature. Nous croyons à la maternité spirituelle de l'Eglise qui nous engendre à la vie et à la sainteté.

L'Eglise de notre foi n'est pas le rassemblement ou le total de ceux qui, personnellement ou en communauté, se réclament du Christ. L'Eglise a une existence, une consistance qui précède et dépasse l'adhésion consciente des croyants à Jésus-Christ et à la communauté particulière dont ils sont membres. Elle est à la fois la communauté que nous construisons ensemble - l'Eglise, c'est nous - et la matrice qui nous porte, la communauté maternelle qui nous engendre à la vie de Dieu, dans le Christ et par l'Esprit.

L'Eglise de notre foi est née sainte. Sa sainteté n'est pas faite de l'addition des saints qu'elle engendre, c'est sa propre sainteté - la sainteté du Christ et de son Esprit en elle - qui fructifie en nous.

Ce ne sont pas les saints qui sont admirables, c'est Dieu et Lui seul qui est admirable dans ses saints.

En ce sens, l'Eglise est médiatrice de la sainteté de Dieu. Elle est une mère qui engendre les saints qui se laissent former par elle. En rigueur de terme, nous n'avons pas à 'devenir' des saints, mais à le rester et à croître dans notre sainteté initiale.

3. L'ESPRIT SAINT AU CŒUR DE LA NOUVELLE ÉVANGÉLISATION

La tentation permanente est de penser le renouveau de l'Eglise en termes de réorganisation, d'adaptation des formes extérieures, de réformes, de structures à la manière des institutions humaines. Un évêque français, Mgr. Matagrin, m'a écrit un jour cette phrase que je n'ai jamais oubliée: *"Nous sommes capables de créer des tuyauteries et des canalisations, nous ne sommes pas capables de faire surgir une source"*.

Sans nier la nécessité de certaines réformes, Jean XXIII allait au cœur des choses, à la source d'eau vive, en appelant les chrétiens à l'accueil du don de Dieu, pour que s'accomplisse une nouvelle Pentecôte sur l'Eglise. L'Eglise a toujours besoin d'être refondée là où elle a été fondée, c'est-à-dire à la Chambre Haute, dans l'expérience fondatrice que fut l'évènement de la Pentecôte.

Le renouveau que l'on peut attendre d'une actualisation de la Pentecôte, n'est pas d'abord un renouveau par l'extérieur, mais bien un renouveau à la source, dans la liberté que l'on donne à Dieu de raviver le don de Lui-même. *"Si tu savais le don de Dieu"*. De proche en proche, la grâce pentecostale possède le dynamisme nécessaire pour irriguer tout le corps jusque dans ses formes extérieures.

Si le Concile est considéré comme un événement pentecostal, alors les vrais fruits du Concile seront ceux-là mêmes qui portent la marque de l'Esprit Saint. Une caractéristique essentielle de l'action de l'Esprit est le caractère inattendu, imprévisible de ses initiatives.

L'action divine a toujours un caractère déconcertant qui manifeste sa gratitude et sa transcendance. Et donc, dans l'après-Concile, les fruits de l'Esprit sont peut-être apparus là où on ne les attendait pas et ils ne sont pas apparus là où on les attendait. Des attentes trop humaines ont pu être déçues. Des prévisions ne se sont pas réalisées.

Par contre, des bourgeons sont apparus là où on les attendait le moins. Un printemps a pu éclore dans le secret des cœurs, à la base, chez les petits. Il est frappant de constater que les grands renouveaux de l'Eglise ont souvent pris naissance dans l'humilité, l'enfouissement d'un cœur d'homme, de femme ou d'enfant.

Dieu sème dans le cœur des humbles, des petits, des cachés. Avant de parvenir à la notoriété publique, les bonnes nouvelles de Dieu doivent cheminer en secret. C'est aux bergers qu'il est dit: *"Je viens vous annoncer une bonne nouvelle qui sera une grande joie pour tout le peuple"*.(Lc 2,10)

Ce qui est pauvre, nous dira Saint Paul, ce qui est faible, ce qui n'est rien, voilà ce que Dieu a choisi. Les grands enfantements ne se passent pas au grand jour. Dieu les suscite dans le secret, dans le silence et la nuit et ce sont les humbles qui sont les premiers à les reconnaître. C'est un signe de l'Esprit Saint.

Dès lors, serait-il étonnant qu'un des fruits les plus marquants du Concile puisse être représenté par la germination secrète et la levée dans l'Esprit Saint? La pédagogie de Dieu est une et, à travers toutes les naissances et les renaissances qui jalonnent l'Histoire Sainte de l'humanité, elle manifeste l'affinité profonde et la connivence secrète qui existent entre l'Esprit Saint et les humbles.

Irrésistiblement c'est l'icône de Marie qui s'offre à nous. Un lien intime se laisse entrevoir entre Vatican II et l'Annonciation.

Un ange vient trouver l'Eglise et lui demande de redevenir 'mère' d'enfanter à nouveau, d'enfanter la vie du Christ dans l'humanité et le monde. L'Eglise des hommes se sent si souvent stérile, dépassée par sa mission d'évangélisation, impuissante à engendrer la foi dans le monde contemporain, et chez les jeunes en particulier. De même qu'à l'Annonciation, il y a eu l'étonnement, le questionnement de Marie, *"Comment cela peut-il se faire?"*, ce sentiment d'impossibilité humaine, l'Eglise elle aussi sent son impuissance radicale à accomplir sa mission maternelle d'engendrement de la foi et d'évangélisation. L'Eglise alors peut connaître la tentation du doute, du découragement, ou la tentation plus subtile de la diversion: planifier, structurer, organiser, programmer, adapter, séculariser.

Elle peut aussi dire oui à l'Esprit. Comme Marie et avec elle, l'Eglise peut entrer plus avant dans le mystère de l'Esprit. *"L'Esprit Saint te couvrira de son ombre"*. (Lc 1,35) *"Je vais envoyer sur vous ce que mon Père a promis. Pour vous, demeurez dans la ville jusqu'à ce que vous soyez revêtus de la force d'en haut"*. (Luc 24,49)

Comment oublier le mot de Karl Rahner: *"Le oui de Marie fut le premier mot de l'Eglise"*. Il semble aujourd'hui que l'Eglise doive redire ce premier mot, celui qui l'a fait naître et qui l'a fait renaître, son oui à l'Esprit Saint, pour qu'en elle et par elle s'accomplisse en notre temps l'incarnation du Christ, Seigneur et Sauveur de tout l'homme et de tous les hommes.

Vatican II fut et reste un appel à l'Esprit Saint. Déjà dans l'Eglise et le monde apparaissent les signes avant-coureurs d'une nouvelle Pentecôte. Saurons-nous les reconnaître?

Saurons-nous, une nouvelle fois écouter la voix d'Isaïe disant à son peuple:

"Ne reste pas fixé sur le passé. Ne t'arrête pas à

ce qui fut. Vois: j'ai commencé quelque chose de nouveau. Ne le remarques-tu pas? Oui, je vais tracer une route dans le désert, des sentiers dans la solitude. "

CHAPITRE VI

Accueillir Marie,
c'est nous ouvrir à l'Esprit Saint

"L'Eglise doit retrouver sa jeunesse,
en retrouvant sa mère."

Cardinal Decourtray

1. L'INCARNATION, EN VUE DE NOTRE DÉIFICATION

Nous n'avons pas encore pris la dimension exacte du 'FIAT' de Marie au mystère de l'incarnation car nous voyons celui-ci d'une façon trop exclusive sous son aspect terrestre. Nous oublions ou ne remettons pas assez l'accent sur son aspect céleste: Le Fils de Dieu s'est fait homme pour que l'homme devienne - en Lui - fils de Dieu. Le mouvement est double: il y a descente et montée.

Nous avons appris à nous rejoindre à l'aspect 'venue parmi nous' dans toute la splendeur de cette nuit de Noël et nous adorons l'Enfant nouveau-né, avec les bergers et les mages en contemplant l'émerveillement de Marie et de Joseph.

Mais il y a l'autre versant: le ciel est venu à nous pour nous introduire dans le ciel. L'Incarnation est le prélude de notre déification. En Jésus, Fils unique de Dieu, nous devenons enfants d'adoption divine.

Ce n'est pas seulement le ciel qui s'entrouvre pour une mystérieuse entrée du Fils de Dieu en notre terre, mais c'est celle-ci aussi qui s'entrouvre par notre entrée, voilée encore mais réelle, dans la famille Trinitaire.

Vue du haut du ciel, c'est le Père, dans et par le Fils, qui nous envoie l'Esprit Saint. C'est la clef du mystère que l'Ange communique à Marie: *"L'Esprit Saint vous couvrira de son ombre"*(Lc 1,35). Mais c'est aussi la clef du mystère de notre divinisation. Elle se fera par le même Esprit, l'Envoyé du Père et du Fils, au matin de la Pentecôte. Vous serez baptisé dans l'Esprit Saint. C'est la parole qui fait 'pendant' à la première annonce de l'Ange à Marie.

La rencontre entre ciel et terre se fait par l'Esprit Saint et le *oui* de Marie, à l'heure de l'Annonciation porte mystérieusement sur toute l'ampleur du mystère: ce *oui* va au Fils de Dieu, rédempteur du monde, venu pour déifier les hommes en leur communiquant, comme fruit de la rédemption, l'Esprit du Père et du Fils. Ce *oui* est un *oui* 'au plan de Dieu' sur Marie comme instrument, et par le monde, comme terme final, elle dit le *oui* 'au nom de toute l'humanité'.

La nativité de Jésus n'est pas dissociable - aux yeux de Dieu - de la nativité de l'Eglise qui est 'Jésus-Christ, communiqué et repandu par l'Esprit Saint'. A la Pentecôte, c'est l'Incarnation qui entre dans la visibilité terrestre, ce nouveau temps de Dieu, une ère nouvelle qui commence le temps de l'Esprit Saint.

Le Fiat initial de Marie c'est déjà en germe un 'oui' à la Pentecôte, un 'oui' à l'évangélisation qu'elle inaugure car désormais c'est par l'Esprit que Jésus opère. Mère de Jésus elle devient Mère de l'Eglise. La maternité humaine se prolonge en maternité spirituelle. Ce qui veut dire maternité dans l'Esprit Saint. Il ne faut jamais séparer ce que Dieu à uni : 'Marie et l'Esprit Saint'.

Nous avons l'habitude de situer Marie uniquement dans la phase incarnation 'descendante'. Il nous faut la situer aussi dans la phase 'remontante' dans l'ère nouvelle qui commence à la Pentecôte.

Saint Paul dira du Christ qu'il est devenu *Esprit vivifiant* pour marquer avec une expression forte à quel point nous sommes entrés dans l'ère de l'Esprit Saint. Et Marie, elle est la première qui entre dans cette nouvelle époque, l'époque de l'Eglise. Nous appelons celle-ci 'Notre mère la Sainte Eglise'. Et nous appelons Marie 'Mère de l'Eglise'.

Nous n'avons pas encore pleinement réalisé que cela ne fait pas deux maternités juxtaposées mais que cela ne fait qu'une maternité mariale, prolongée dans l'Eglise sacramentale visible qui engendre des enfants par les eaux du Baptême. Nous avons à accueillir Marie parce que ce qui est né en elle est de l'Esprit Saint, pour nous: accueillir Marie, c'est nous ouvrir à l'Esprit Saint.

Nous balbutions devant la richesse du 'secret de Pentecôte'. Marie était là au Cénacle, au cœur des cent vingt. Ce n'était pas par hasard mais pour qu'elle inaugure une maternité nouvelle au moment où son Fils inaugure dans et par l'Esprit 'une nouvelle évangélisation'.

En fait, cela c'est le passé. La mission de Jésus est à présent la mission du Christ Ressuscité et vivant, opérant par l'Esprit Saint.

C'est l'Esprit qui nous révèlera peu à peu, ce que nous ne pouvions porter encore; c'est Lui qui fera en nous de grandes choses, même de plus grandes que ce que fit Jésus ici-bas. C'est l'Esprit - son Esprit - qui anime l'Eglise et suscite les saints.

Je crois à l'Esprit 'vivifiant'. C'est Lui qui donne la vie. Et Marie est liée à l'Esprit à jamais. Elle est tout accueil à l'Esprit. Sa maternité vise à nous laisser faire par Lui. Son Assomption, c'est l'Esprit qui achève le Chef d'œuvre de la création, 'mission accomplie'.

Cette alliance 'Esprit Saint - Marie' aide à comprendre le plan de Dieu qui créa l'homme à son image et ressemblance et qui, pour que l'image soit fidèle, le créa homme et femme. Il y a toute une tradition pour voir en Jésus le nouvel Adam et en Marie la nouvelle Eve. Elle est riche de cette complémentarité.

Il n'y a pas deux partenaires égaux: Jésus - Marie. Mais il y a complémentarité de rôle, de fonction. Il y a un aspect 'féminin' - en Marie qui joue son rôle déjà dans l'Evangile (à Cana par exemple) Il y a un aspect 'féminin' dans l'Eglise.

Le Chanoine De Haes disait: *"Marie, c'est l'Eglise au mieux"*. Il faut se garder de multiplier par deux le rôle de Jésus et de Marie. Non, celui de Marie n'est pas dans la ligne rédemptrice. Jésus seul est le médiateur, le rédempteur. Mais Marie accueille cette unique médiation et aide à ouvrir les cœurs à la réceptivité.

C'est la gloire du Seigneur que d'associer l'Eglise triomphante et les saints à son œuvre à Lui. Marie est Reine du Ciel et des anges. Toute son action c'est l'Esprit Saint dans elle, par elle. C'est l'Esprit Saint du Fils. C'est l'Esprit Saint du Père. Marie est par tout son être: pneumatophore et christophore.

Seul l'Esprit peut nous révéler Marie. C'est l'Esprit Saint qui enseigne à Marie à dire 'Jésus'. C'est l'Esprit Saint qui prépare Marie à sa mission en la créant toute sainte - toute immaculée (tabernacle). Marie: c'est le triomphe de l'Esprit Saint, victorieux du péché et de la mort car c'est Lui qui ressuscita Jésus d'entre les morts.

2. UNE ALLIANCE À DOUBLE DIMENSION

"Le christianisme, a écrit le cardinal Mercier, *est une alliance de deux amours en Jésus-Christ."* L'Amour divin qui descend du ciel pour réaliser l'alliance sacrée se nomme le Saint-Esprit. L'amour humain qui de la terre s'élève à sa rencontre s'appelle Marie.

Sans-doute, cet amour qui, en Marie, s'élève à la rencontre de l'Esprit divin, est-il déjà une participation de la charité divine elle-même. Marie, comme aucune autre créature, L'a reçu en elle, Lui qui anime sa correspondance.

En Marie *la terre a donné son fruit* et *le Ciel a fait pleuvoir le Sauveur*: cette promesse qui remplit toute l'Ancienne Alliance, se réalise en Marie. Au carrefour de la rencontre de Dieu et de l'humanité, en Israël, peuple de Dieu, se situe l'Incarnation, avec toutes ses conséquences.

Nous voudrions nous arrêter à ce qui est comme le cœur de ce mystère: la recontre du Saint-Esprit et de Marie. *"L'Esprit Saint viendra sur toi et la vertu du Très-Haut te couvrira de son ombre..."* (Lc 1,35).

Est-ce là seulement un pur fait historique, lointain, révolu? Ou ces mots nous entrouvrent-ils, pour tous les temps à venir, une loi immuable de l'action de Dieu dans le monde?

La question est d'importance. Restreindre l'alliance du Saint-Esprit et de Marie à la seule naissance de Jésus, c'est la réduire au niveau d'un épisode historique, qui, si grand qu'il soit, n'a duré qu'un rapide moment, puis est rentré dans le passé. C'est situer Marie dans l'histoire, mais non dans le présent ni dans l'avenir.

Est-ce là ce que Dieu a voulu? Ou bien, cet Esprit vient-Il à tout jamais la couvrir de son ombre fécondante?

Avec toute l'Eglise catholique, au contraire, nous croyons que l'union du Saint-Esprit et de Marie est conclue pour tous les siècles, que l'alliance reste désormais indissoluble, et qu'aujourd'hui encore Jésus continue de naître invisiblement dans les âmes, de l'Esprit Saint et de Marie.

Nous le croyons pour une raison qui est elle-même un mystère et qui s'enracine dans les profondeurs de l'économie divine: parce que, en un sens très réel qui sera précisé ultérieurement, Marie et l'Eglise ne font qu'un. A tel point que, naître de 'L'Esprit et de Marie' équivaut à naître de 'L'Esprit et de l'Eglise' et que le Baptême qui nous engendre à la vie, est le fruit - bien que de manière différente - de cette double et unique maternité.

Toute dévotion à Marie qui ignore ou minimise ce mystère, restera une dévotion purement sentimentale, étriquée et exsangue. Coupée de ses racines, elle sera une fleur de serre chaude et non une plante de pleine terre. Elle sera à la merci de la moindre bourrasque au lieu d'être *"cet arbre vigoureux planté près d'un cours d'eau qui donne son fruit en son temps et dont le feuillage ne se flétrit pas."* (Ps I,3)

La maternité de Marie a ses racines dans l'Incarnation même. C'est d'ailleurs toujours là qu'il faut revenir. Car l'Incarnation contient déjà en un sens la Rédemption elle-même. Celui qui naît ne vient au monde que pour mourir en sacrifice. Il ne meurt pas comme tout fils d'homme parce qu'Il est né : Il naît pour mourir. Il naît prêtre et victime du sacrifice de la Rédemption.

Nos mères engendrent des fils qui peut-être deviendront prêtre un jour. Pour eux la dignité sacerdotale sera un don gratuit qui ne revenait pas de droit à leur nature. Marie, au contraire, est Mère de Jésus, qui naît prêtre par naissance, Il est l'Agneau de Dieu. Aussi bien la maternité de Marie s'achève-t-elle par le mystère de la Rédemption.

L'Incarnation est un mystère à double face: il signifie à la fois le geste de Dieu qui, sans cesser d'être Dieu, le Très-Haut, l'Inaccessible, descend vers nous pour habiter parmi nous. Mais il est aussi un geste d'ascension qui introduit l'homme à la participation même de la nature divine.

Dieu se fait homme, mais la raison finale de l'Incarnation est de déifier l'homme, de le rendre participant de la nuture divine, comme fils adoptif, choisi et aimé dans le Fils Unique: il s'est agi d'un 'admirable échange', pour parler le langage de la liturgie, selon lequel le Fils de Dieu a été formé comme homme en Marie, afin que nous soyons formés à l'image de Dieu, c'est-à-dire divinisés.

Dieu se fait homme sans cesser d'être Dieu et en même temps Il nous divinise, nous transfigure sans que nous cessions d'être hommes. C'est par le *fiat* de Marie que nous entrons dans 'l'admirable échange' pour être divinisés comme le Christ a été humanisé. Telle est l'ampleur et la profondeur de l'alliance qui est au point de départ de toute vie chrétienne et donc au cœur de tout évangélisation qui se veut féconde.

3. UNE PRÉLUDE À L'ALLIANCE : LA NATIVITÉ DE MARIE IMMACULÉE

La fête de la Nativité de Marie (le 8 septembre) nous offre l'occasion de célébrer cette double alliance.

- La première concerne le Ciel: elle nous fait entrer dans le plan de Dieu pour le salut du monde.

- La seconde se joue sur la terre: elle a la fraîcheur de l'aube et d'un premier matin.

Vue du côté du Ciel

C'est une fête Trinitaire; c'est le premier moment qui prépare l'Alliance qui va se nouer entre le Ciel et la terre:

- Marie est la Fille privilégiée du Père qui la prépare à sa destinée.

- Elle est la future Mère du Verbe de Dieu qui fera en Elle sa demeure.

- Elle est Celle qui, à l'Annonciation, dira le "oui décisif" à la venue de l'Esprit Saint.

Vue du côté de la terre

Comment pouvons-nous, concrètement donner plus de relief et de chaleur à la fête de la Nativité de Marie que nous célébrons le 8 septembre dans nos calendriers, mais pas assez dans le contexte de notre vie chrétienne?

Avant tout, que les chrétiens qui le peuvent s'associent à l'*Eucharistie* que l'Eglise célèbre en cet anniversaire de leur Mère du Ciel, et y entraînent d'autres avec eux.

Pénétrons-nous de cette prière que la liturgie met sur nos lèvres ce jour-là:

"Par cette communion, Seigneur, Tu refais les forces de ton Eglise; donne-lui d'exulter de joie, heureuse de la Nativité de la Vierge Marie qui fit lever sur le monde l'espérance et l'aurore du salut."

Sur le plan familial, cette fête devrait être préparée et célébrée au sein de nos foyers chrétiens eux-mêmes. L'image de la Nativité de Marie[*] pourrait y figurer dans le *coin-prière,* qui, de plus en plus, s'introduit dans nos familles chrétiennes.

Cette fête liturgique trouve également un écho particulier dans le milieu où a surgi le petit 'chapelet FIAT' qui est en train de faire le tour du monde et qui est né un 8 septembre (1984) et ce chapelet FIAT a comme premier mystère joyeux 'la Nativité de Marie'.

En célébrant ainsi la naissance de Marie, nous transposons, au plan surnaturel, les sentiments de gratitude filiale qui ont inspiré de nos jours la 'fête des mères' devenue de plus en plus populaire.

Aux yeux de la foi, Marie est Mère de toute l'humanité - que celle-ci le sache ou non - ; elle est Mère de toutes les mères. Mère de l'Eglise, elle le demeure pour tous les temps à venir.

---

[*] Un dépliant représentant une icône de la Nativité de Marie avec un commentaire et un chant est diffusé par l'Association FIAT.

Ainsi la fête de la Nativité de Marie est une fête d'espérance pour le renouveau de l'Eglise. Comme le disait le Cardinal Decourtray: *"L'Eglise doit retrouver sa jeunesse, en retrouvant sa Mère."* C'est particulièrement vrai, à l'heure de la Nouvelle Evangélisation.

La Congrégation Romaine pour le Culte divin a donné une série de suggestions pratiques et judicieuses pour que l'Année Mariale donne tous ses fruits au sein des Eglises locales. Dans "Orientamenti e proposte per l'anno mariano", la congrégation attire l'attention sur quatre fêtes mariales qui mériteraient de trouver une plus large résonance dans la piété populaire. Elle cite, parmi ces fêtes à réévaluer et à mettre en meilleur relief, la fête de la Nativité de Marie.

Je crois, en effet, que la Nativité de Marie n'a pas dans le peuple chrétien le relief voulu. Cette fête passe presque inaperçue, soit parce qu'elle se situe dans la liturgie de la semaine ordinaire, soit parce qu'elle est éclipsée par des fêtes de plus grand relief.

La naissance de Marie est d'autant plus précieuse à valoriser aux yeux de la foi, qu'elle connote aussi la grâce unique de l'Immaculée Conception qui situe hors pair la venue au monde de celle qui va devenir la Mère du Sauveur.

La piété populaire aime contempler Jésus dans la crèche de Noël; elle ne s'attarde pas auprès du berceau de Marie et laisse en quelque sorte ce mystère de joie à la jubilation privée de Saint Joachim et de Sainte Anne.

Pourquoi ne pas nous y associer, nous aussi, plus chaleureusement? Fêtons donc avec allégresse la naissance de notre Mère: à l'heure où dans le monde la 'fête des Mères' devient de plus en plus populaire, nous, chrétiens, ne serions-nous pas conviés à mettre en relief spécialement en nos foyers - la naissance de Celle qui rendra possible la naissance rédemptrice?

Nous n'oublions pas un instant pour autant que Jésus est l'Unique Sauveur du monde, mais comment ne pas célébrer avec gratitude le mystère qui en est la préface et le prélude? Ecoutez Saint Jean Damascène dire sa joie:

> *"Venez, tous, avec allégresse, fêtons la nais-sance, l'allégresse du monde entier! Au-jour'hui, à partir de la nature terrestre, un ciel a été formé sur la terre. Aujourd'hui est pour le monde le commencement du salut."*

Ecoutez la liturgie du jour nous dire que Marie a fait *"lever sur le monde l'espérance et l'aurore du salut"*.

Je connais peu de spectacles de la nature plus émouvants que les instants qui précèdent la naissance du jour. L'aube nous offre le jeu délicat de clarté et de luminosité qui touche progressivement tout le paysage. C'est déjà reconnaître Jésus, le Soleil de nos vies, que de saluer celle qui en fut l'aube, à sa naissance, et l'aurore, à l'Annonciation.

La liturgie byzantine, restée sensible à la fête de la Nativité de Marie chante: *"Ce jour est le prélude de la joie universelle. En ce jour se sont mis à souffler les vents annonciateurs du salut"*.

Saluons, nous aussi, en la Nativité de Marie, le premier souffle du printemps au royaume de la grâce.

Le Pape Jean-Paul II dans une lettre qu'il m'a écrite le 8 octobre 1988, a fortement encouragé le groupe FIAT dans sa mission à mieux faire connaître la célébration de la Nativité de Marie. Voici le contenu de sa lettre:

> *Avec mes remerciements cordiaux pour votre lettre du 19 août dernier, je vous exprime ma joie pour l'heureuse initiative de Votre Eminence et 'du Groupe FIAT', en vue d'aider les foyers chrétiens et les fidèles de nombreux pays à prolonger l'esprit et les bienfaits de l'Année mariale 1987 - 1988, spécialement par la fervente célébration de la Nativité de la*

Vierge Marie "qui fit lever sur le monde l'espérance et l'aurore du salut".

Que la très Sainte Mère du Christ Rédempteur vous assiste dans votre labeur apostolique!

Je vous bénis de tout cœur.

CHAPITRE VII

Qu'est ce qu'un chrétien animé par l'Esprit Saint ?

"Un chrétien est un homme à qui Jésus-Christ a confié d'autres hommes".

Lacordaire

1. QUELQU'UN QUI A RENCONTRÉ JÉSUS-CHRIST

L'Evangile commence par nous raconter que selon l'ordre donné par le Seigneur, les apôtres se sont rendus à la montagne pour Le rencontrer. Je crois que toute mission commence par la rencontre avec le Christ.

Ce qui fait un chrétien, c'est d'abord cela: c'est quelqu'un qui a rencontré Notre-Seigneur Jésus-Christ. Vous vous rappelez la parole de Claudel à

Notre-Dame le jour de sa conversion: *Voici, Seigneur, que vous êtes quelqu'un, tout à coup.* Le christianisme, ce n'est pas une philosophie, ce n'est pas une idéologie, ce n'est même pas une théologie, ce n'est pas un catalogue de propositions ou de vérités, si importantes soient-elles, le christianisme, c'est d'abord *quelqu'un*. Le message et le messager s'identifient.

Nous croyons en le Verbe de Dieu fait homme, nous croyons en Notre-Seigneur Jésus-Christ, Fils unique de Dieu, frère de tous les hommes. C'est cette rencontre-là qui est au cœur de notre vie chrétienne: parce que nous L'avons rencontré, parce que nous avons offert notre vie au Seigneur Jésus, c'est pour cela que nous sommes rassemblés ici et que nous passons notre existence sous le signe du Seigneur. Et l'Evangile nous rappelle qu'en trouvant le Maître, en Le rencontrant sur cette montagne, certains eurent un flottement, certains eurent des doutes; d'autres se prosternèrent. C'est comme une croisée des chemins.

En une période où tant de chrétiens subissent cette tentation de douter de Jésus, simplement parce que le monde s'en va dans toutes les directions et que le monde est tellement loin de ce message du Seigneur, nous commencerons par renouveler notre foi en Lui. Et si j'ouvre mon âme à cette rencontre du Seigneur, je vais à Lui, non pas avec ma foi personnelle à moi, ma pauvre foi d'homme, mais je vais vers le Seigneur avec la foi de toute son Eglise, et c'est cela qui en fait la force et la beauté.

Lorsque le prêtre se prépare à communier, il dit ces paroles qui, pour moi, vont toujours loin: *"Seigneur, ne regarde pas mes péchés, mais la foi de ton Eglise ..."* Alors, Seigneur, je viens à toi avec la foi des apôtres, de Pierre, de Paul et de chacun des douze, je viens à toi avec la foi incomparable de Marie: *"Bienheureuse parce que tu as cru!"* Je viens à toi avec la foi des martyrs, avec la foi d'un Saint Remi et de tous ceux qui nous ont porté la foi dans nos régions. Je crois avec la foi des confesseurs, des docteurs, des mystiques et des saints, et c'est avec toute cette foi, Seigneur, que je me prosterne devant toi.

2. QUELQU'UN DANS LEQUEL LES HOMMES PEUVENT VOIR JÉSUS-CHRIST

Un chrétien, c'est quelqu'un qui a rencontré Jésus-Christ et qui en a fait la réalité la plus profonde de sa vie, qui L'a accueilli non pas seulement avec son intelligence et avec son cœur, mais qui Lui a laissé toute sa vie en disponibilité totale. Un chrétien, c'est quelqu'un qui veut traduire d'abord et avant tout Jésus-Christ dans sa vie, car il sait que les paroles du Seigneur ne sont pas des paroles comme les autres.

Le Seigneur n'a-t-Il pas dit: *Mes paroles sont vérité et vie, mes paroles sont vitales?* Le premier devoir que nous avons devant le Seigneur, c'est de Le vivre, de Le laisser vivre en nous, et c'est cela que le monde attend de nous, c'est cela le défi que le monde nous lance.

Oh! Tant de gens autour de nous n'ouvriront jamais l'Evangile! Il ne liront jamais les pages sacrées de Matthieu, de Jean ou de Luc, ils ne liront jamais les pages sacrées des apôtres ... mais ils nous regarderont vivre, et à travers les âges, la même scène qui se renouvelle, dont l'Evangile nous parle, lorsque dans la foule quelques personnes se détachent, vont aborder un des apôtres: Philippe, et lui disent: *"Nous voudrions voir Jésus!"*.

C'est l'éternelle demande de toutes les générations, adressée à chacun de nous, évêques, prêtres, fidèles: *Nous voudrions voir Jésus dans l'Eglise d'aujourd'hui, à travers votre vie. Après cela, nous écouterons vos paroles ... Nous voudrions voir Jésus!* Et c'est cela, pour chacun de nous, la souffrance: car nous sommes tous opaques, et voudrions être tous des vitraux flambant au soleil, traduisant tout l'Evangile dans nos paroles, dans nos actes. Et c'est pour cela que, avant de célébrer cette Eucharistie, nous avons le devoir de nous frapper la poitrine parce que nous ne sommes pas assez transparents de Lui.

Et ce n'est qu'alors que nous pourrons aller vers le monde pour répondre au message du Seigneur.

3. QUELQU'UN QUI CONFESSE LE SEIGNEUR
   DEVANT LES HOMMES

Un chrétien, c'est quelqu'un qui a rencontré le Christ, c'est quelqu'un qui Lui offre sa vie pour que le Seigneur puisse vivre en lui. Et puis, c'est quelqu'un qui confesse le Seigneur devant les hommes. En ce moment, il y a comme une sorte de crise dans l'idée de témoignage explicite, d'évangélisation directe, il y a comme une sorte de recul et de peur des chrétiens.

On a tellement insisté sur certaines vérités - qui restent vraies - mais qui, à force d'avoir été soulignées d'une manière unilatérale, risquent d'estomper la vérité complémentaire, un peu comme lorsqu'on braque la lumière sur une partie d'une assemblée: l'autre partie risque d'être dans l'ombre.

On a tellement dit, même au Concile (il fallait le dire), qu'il fallait respecter la liberté de la foi et c'est vrai: que dans les religions non chrétiennes il y a une part de vérité, il y a des parcelles d'Evangile, il y a de l'or et c'est vrai encore. Mais cela ne nous dispense pas de nous approcher de nos contemporains pour leur offrir l'Evangile, pour parler de Jésus-Christ aux hommes, pour leur offrir cette Parole de Dieu en allant vers eux non pas comme quelqu'un qui possède tout vers quelqu'un qui n'a rien, mais pour offrir à un frère le secret le plus profond de notre bonheur, pour lui révéler ce qui fait notre joie, ce qui est le soleil de notre vie, pour lui dire ce que représente, pour chacun d'entre nous: Notre-Seigneur Jésus-Christ.

Tant d'hommes autour de nous traversent la vie sans savoir ni d'où ils viennent ni où ils vont et sans savoir le sens profond et dernier de leur existence! Nous n'avons pas le droit de garder pour nous le bonheur et la joie de notre foi. Il s'agit de la leur dire, en sachant que cette Parole de Dieu nous jugera nous-mêmes tout d'abord, en sachant que nous sommes des vases fragiles, mais en sachant que par la force et la vertu de Dieu, c'est Lui qui, à travers nous, veut continuer son œuvre: *"Je serai avec vous tous les jours, jusqu'à la fin des siècles"*.

Mais le Seigneur n'a pas d'autres lèvres que les nôtres, d'autre bouche que la nôtre, d'autres mains que les nôtres, d'autres pieds que les nôtres, pour s'en aller vers ce monde porter son message. Nous n'avons pas le droit de le garder enfermé dans notre cœur et de nous taire.

Je crois que nous devons exorciser ce démon muet qui fait que tant de chrétiens se réfugient dans le mutisme, croyant répondre ainsi au respect dû aux convictions d'autrui, et méconnaissent que le plus profond respect que nous puissions témoigner à quelqu'un, c'est de lui offrir en tout humilité ce que, à travers nous, nous avons de meilleur: Notre-Seigneur Jésus-Christ parlant aux hommes d'aujourd'hui.

Et par un autre aspect, j'oserai dire que les hommes sont prêts, même s'ils ne le savent pas, à nous écouter: on est frappé de voir qu'il y a chez eux un appel, qu'il y a des grandes questions auxquelles personne n'échappe, qu'il y a, au creux, cette invitation et cet appel, et c'est à cela que, nous chrétiens nous avons à répondre.

La tâche est immense, la tâche nous dépasse et, lorsque nous nous trouvons devant ce monde d'aujourd'hui, nous sommes tentés de dire quelquefois, comme les saintes femmes au matin de Pâques: *Qui nous soulèvera la pierre du tombeau?*

Nous n'avons pas d'autre réponse et d'autre force que de croire à cette présence du Seigneur plus que jamais présent à son Eglise à une époque où l'évolution est difficile parce qu'elle se fait vite, parce que nous changeons de siècle tous les cinq ou dix ans.

Il nous faut rester fidèle, dans la foi au Seigneur qui est là, qui nous a envoyé son Esprit Saint."Je crois au Saint-Esprit, hier, dans l'Eglise. Je crois au Saint-Esprit qui parle aujourd'hui dans l'Eglise. Je crois au Saint-Esprit qui parlera demain ..."

C'est l'invitation à nous ouvrir, dans la foi, pour que le Seigneur, à travers chacun de nous, puisse continuer cette magnifique mission qu'Il nous a confiée à tous.

4. QUELQU'UN QUI EST TÉMOIN DE L'AMOUR

L'amour prend sa source en Dieu qui est, par définition même, nous dit Saint Jean, Amour: pour Dieu, vivre, c'est aimer. Le monde n'a jailli de cette source que par un élan de son amour créateur, qui n'a cessé de se déployer à travers l'histoire du salut. C'est donc en Lui que nous devons découvrir le sens dernier de l'amour humain.

En nous créant, Dieu nous a faits à son image et à sa ressemblance: Il a modelé notre cœur sur le sien. Toute relation entre des hommes est conviée à se faire révélatrice de ce que signifie concrètement: 'Aimer comme Dieu'. *Crois-tu que j'aurais tant désiré voir ce Dieu, si je ne l'avais aperçu dans ton regard?,* disait admirablement Dante à Béatrice. L'expérience humaine montre et confirme étonnamment combien la recherche de l'amour est primordial pour l'être humain.

Il suffit d'interroger les hommes sur leur aspiration profonde. Que veulent-ils, en définitive? Que cherchent-ils en dernier ressort?

Apparemment, les objectifs qu'ils poursuivent de leurs désirs paraissent multiples et disparates: la politique, la profession, les affaires, la littérature, les plaisirs sexuels, sportifs, etc ... En réalité, si l'on y regarde de plus près, ce qu'ils recherchent tous en commun, sous la variété de leurs projets, c'est une expérience infiniment simple et profonde: aimer et être aimé.

Chez tous, riches ou pauvres, on trouve, conscientes ou non, la faim et la soif d'un amour vrai, authentique, qui ne connaîtrait ni l'usure du temps, ni les aléas de la faiblesse humaine. Que de drames et d'échecs humains s'expliquent parce que, enfants, certains hommes ou certaines femmes n'ont pas rencontré l'amour d'un père et d'une mère, la chaleur et l'attention qui leur auraient permis de s'épanouir affectivement et spirituellement; que de vies manquées, faute d'amour au départ ou en cours de route!

Ce que les hommes cherchent à travers les reflets qu'ils en découvrent ou qu'ils espèrent découvrir, c'est un Amour plus fort que le temps et la mort, un Amour qui ne défaille jamais et qui vivifie et consolide tout ce qu'il anime et soutient. Saint Augustin déjà exprimait cette nostalgie qui est au cœur de l'homme: *"Tu nous a faits pour Toi, Seigneur, et notre cœur est inquiet tant qu'il ne trouve pas en Toi son repos."*

Si l'amour, considéré dans sa profondeur ultime, fait référence à Dieu, le péché qui est, avant tout, un refus d'amour, ne se comprend, lui aussi, qu'en référence à Lui. Certes, les fautes dirigées formellement et intentionnellement contre Dieu ne sont pas fréquentes. On n'en veut pas à Dieu, on se contente le plus souvent de 'l'ignorer'. Mgr. A.M. Charue écrivait: *"On recherche une satisfaction particulière, mais sans se préoccuper ou en faisant fi du tort fait à soi-même ou au prochain. Seulement 'dégrader en soi la dignité humaine, mépriser les droits d'autrui,' c'est s'inscrire en faux contre la charité divine".*

Une telle conduite oublie que notre Créateur et notre Père ne se désintéresse jamais de l'amour qu'Il porte à ses enfants.

C'est bien pourquoi un monde qui proclame la mort de Dieu, ne peut que décréter la mort du péché.

Faute de reconnaître encore un Dieu qui nous appelle, il n'est plus de partenaire absolu devant qui répondre de ses actes: le péché est devenu un mythe à son tour. Or, nous ne pouvons comprendre le sens du péché qu'à la lumière d'une relation vécue - l'Alliance - avec le Père universel.

La révélation nous introduit à l'amour divin pour nous. C'est à la lumière de cette 'heureuse nouvelle' que nous pouvons comprendre et évaluer nos refus.

Chesterton a dit un jour, à sa manière paradoxale, *qu'un saint, c'est quelqu'un qui sait qu'il est pécheur.* Nous avons tant de peine à le reconnaître, non pas machinalement et du bout des lèvres, mais en esprit et vérité.

S'avouer pécheur est une grâce d'humilité et l'humilité est une vertu rare. Cet aveu ne résulte d'aucune introspection morbide, mais simplement d'une prise de conscience de l'amour et de la sainteté de Dieu, en contraste avec notre propre faiblesse.

Le sens du péché est lié à la sensibilité au pardon. *"A l'origine de toute vraie conversion, a-t-on écrit, il y a ce regard de Dieu sur le pécheur, cette poursuite d'amour, cette peine jusqu'à la croix, ce pardon donné d'avance qui, en révélant au coupable l'estime et l'amour dont il reste l'objet, lui révèle par contrecoup le désordre dans lequel il s'est plongé".*

Sous prétexte de 'déculpabiliser', certains revendiquent aujourd'hui une liberté qui plaide 'non-coupable', une liberté exonérée de l'obligation de rendre compte de ses actes à une autre instance qu'elle-même. Mais refuser ainsi d'avoir à 'rendre compte' à un autre de nos échecs ou de nos réussites, n'est-ce pas aussi se fermer à la possibilité même du pardon?

N'est-ce pas se couper de Celui qui, seul, pourrait vraiment nous réconcilier avec nous-mêmes, en nous témoignant un accueil inconditionnel? Une liberté qui nierait avoir à 'rendre raison' de ses options devant un Autre, ne se prive-t-elle pas d'une de ses dimensions essentielles?

Car être libre, c'est aussi consentir à se laisser accueillir (pardonner) par celui que nous avons déçu. C'est ce que nous découvrons en regardant le Christ, Seigneur et Sauveur, qui seul nous donne de pouvoir expérimenter la liberté plénière, celle de l'Amour.

Se savoir aimé de Dieu. Le chrétien se définit comme quelqu'un qui croit à l'amour de Dieu. *Quant à nous,* disait Saint Jean, *nous avons cru à l'Amour.* Le chrétien croit qu'il est aimé par Dieu d'une façon personnelle, unique et persévérante.

Un 'fidèle', c'est un croyant qui cherche à répondre à l'amour fidèle de Dieu pour lui: toute l'Ecriture illustre la persévérance de Dieu dans l'Amour. Cette fidélité, le Créateur la vit non seulement comme un engagement intense dans l'aujourd'hui des hommes, mais aussi comme continuité passionnée dans l'Amour libérateur.

Trop de chrétiens n'osent croire à cet amour de Dieu pour eux, à cet amour premier, persévérant, qui ne lâche jamais et qui enveloppe toute existence humaine. La raison de cette incrédulité n'est-elle pas souvent qu'ils n'ont pas trouvé, sur leur route, des croyants qui fussent pour eux le reflet de la fidélité divine.

Un aumônier de jeunes me disait, récemment, combien il était frappé du fait que tant de jeunes, aujourd'hui, ont peine à croire que Dieu les aime personnellement. Ils sont tentés par l'angoisse, l'inquiétude de l'avenir, l'insécurité.

Se savoir aimé de Dieu, d'un Dieu Père, Fils et Saint-Esprit, d'un triple et unique Amour. Cela bouleverse la vie et toute conduite humaine. La morale chrétienne s'alimente à cette certitude de foi.

*

*   *

Des horizons nouveaux s'ouvrent alors pour nous. Car la foi nous apprend que non seulement nous sommes aimés de Dieu, tels que nous sommes, mais que Dieu veut être, en nous, cette 'force d'aimer', à laquelle nous aspirons.

Non seulement il nous faut vivre l'amour du prochain comme une réponse à son appel, mais nous sommes conviés à aimer de l'amour même de Dieu, avec le cœur même de Dieu, qui emprunte le nôtre pour donner à sa passion aimante un visage concret et séduisant.

Quand vous aimez, a dit le poète, *vous ne devez pas dire: Dieu est dans mon cœur, mais plutôt: je suis dans le cœur de Dieu.* Plus un chrétien laisse Dieu agir en lui, plus son amour s'élargit aux dimensions du monde et embrasse toute l'épaisseur de la misère humaine. Une Mère Teresa, recueillant à longueur d'années les épaves humaines qui jonchent les rues de Calcutta - plus de vingt sept mille en quelques vingt ans -, c'est de l'amour du prochain survolté par la grâce, un amour envahi par un Amour qui le transcende. Rien n'est plus humain que le cœur d'un saint: c'est un test d'authencité qui ne trompe pas.

Dans l'amour conjugal, cet amour chrétien ne perd aucun de ces caractères: c'est au cœur même de leur mariage sacramentel que les époux peuvent vivre ces exigences profondes.

De même, au plan de ses engagements pour la justice, le chrétien vit son combat comme un des 'lieux' où l'amour sauveur de Dieu peut se déployer.

C'est la vive conscience de cette exigence qui incite le croyant à vérifier constamment la cohérence évangélique de ses options. Quel que soit le domaine où il s'incarne, l'amour chrétien sollicite ceux qui s'y ouvrent, à faire éclater les étroitesses ou les résignations auxquelles on se trouve si souvent exposé.

CHAPITRE VIII

Jésus-Christ, communiqué
par l'Esprit Saint

*"Dieu n'a pas d'autre voix, d'autre mains,
d'autres pieds que les vôtres pour porter
l'Evangile à travers le monde."*

Frank Duff

1. CHAQUE CHRÉTIEN EST APPELÉ
À ÊTRE TÉMOIN DE L'ÉVANGILE

L'appel à une nouvelle évangélisation du monde
concerne chaque chrétien en vertu non d'un mandat
surajouté mais en raison même de son caractère de
baptisé. Le Concile l'a rappelé fortement. Il n'y a pas
de chrétiens 'exempts' du devoir de témoigner de sa
foi: les modalités varieront dans le concret des

circonstances de vie, mais le devoir fondamental nous concerne tous.

Il faut avouer loyalement que l'ensemble des chrétiens, même pratiquants, n'a pas encore compris que tout chrétien doit être christianisateur, que tout évangélisé a mission d'être évangélisateur.

L'Eglise est encore loin d'être 'en état de mission' et il faut débloquer encore la route encombrée de pseudo-raisons qui tentent de réduire le chrétien au silence, à la neutralité.

Il nous faut courageusement dénoncer la tentation sournoise de mutisme et exorciser en nous le démon muet et les pseudo-raisons.

1. Les deux devoirs d'état

Il n'est pas rare que l'appel à l'apostolat se heurte à une fin de non recevoir, au nom du devoir d'état qui absorbe, dit-on, toute l'énergie et le temps disponible. Ce refus rappelle une scène de l'Evangile où les invités au banquet nuptial se récusèrent au nom de leurs occupations trop absorbantes et prioritaires: *J'ai acheté une terre, et il faut que j'aille la voir - j'ai acheté cinq paires de bœufs et je vais les essayer - je viens de me marier et mon temps est pris.*

Sans doute, le devoir de l'apostolat, inhérent à notre vie chrétienne n'implique pas nécessairement la participation à tel ou tel mouvement déterminé. Il y a place pour les modalités les plus diverses, mais ce fait ne peut pas éliminer la mise en œuvre de notre premier devoir d'état: celui de baptisé. Il y a un devoir d'état humain et un devoir d'état chrétien, à harmoniser. Nous avons d'ailleurs plusieurs devoirs d'état à remplir simultanément dans la vie journalière: devoir d'état familial, professionnel, civique. Pour le chrétien conscient de son baptême, son état de baptisé met à l'avant plan son principal devoir d'état qui est d'aimer et de servir Dieu de toutes ses forces et d'aimer les autres comme lui-même. Cela va loin et impose des options et des sacrifices: il y a un certain prix à payer si j'accepte de réserver certaines heures au service gratuit du prochain sous ses diverses formes. Et gratuité implique renoncement à l'argent ou à son confort propre ...

2. Les deux pauvretés

Tout comme il y a deux devoirs d'état, le naturel et le surnaturel, il y a aussi deux formes de pauvretés à secourir. Il y a la pauvreté humaine sous tous les aspects de la détresse à secourir (famine, fléau, catastrophe, etc) Cette pauvreté-là émeut plus facilement parce que plus visible et tangible que la seconde pauvreté. Celle qui rend les hommes si profondément malheureux, même s'ils débordent de richesses matérielles, c'est la détresse spirituelle, en particulier la solitude ou le désarroi des jeunes qui cherchent dans la drogue ou la licence sexuelle des pseudo-raisons de vivre. Lorsque nous parlons d'être témoins du Christ, c'est un vaste champ qui s'ouvre et qui nous interpelle.

3. Les deux témoignages

Enfin, il y a lieu de distinguer deux sortes de témoignages: le témoignage impersonnel et le témoignage personnel, les deux d'ailleurs s'imbriquent.

Le témoignage des catéchistes, des professeurs de religion, des prédicateurs, est impersonnel en ce sens que l'objectif premier est l'instruction et la formation religieuse, mais le 'maître' sera d'autant plus persuasif qu'il sera aussi 'témoin'.

Tout le monde n'est pas appelé à cette mission d'évangéliste, mais tout le monde est appelé à être témoin personnel, à dire 'l'espérance qui est en lui', comme le demandait Saint Pierre. Et cela jaillit de la vie elle-même, du souci d'être 'partout et toujours' dans les petites ou dans les grandes circonstances révélateur de l'Evangile vécu au quotidien.

Le chrétien d'aujourd'hui est invité, par toute l'ambiance du monde, à ne pas jouer au trouble - fête, à épouser les mœurs de son temps, à se montrer compréhensif et respectueux de toutes les opinions, à s'aligner sur le vécu des autres sans appeler à un critère objectif de vérité. Et surtout à ne jamais prononcer le mot 'péché', ce qui serait d'une suprême inconvenance. En pareille atmosphère, comment exprimer et confesser sa foi? La tentation insidieuse qui s'efforce de réduire le chrétien au silence s'appuie, par surcroît, sur quelques arguments spéciaux.

4. *"Le monde n'est pas prêt à écouter l'Evangile."*

On nous demande de ne pas parler, de ne pas confesser l'Evangile dans le monde d'aujourd'hui parce que, dit-on, notre monde n'est pas prêt à en écouter le Message.

A quoi il faut répondre d'abord que le message de l'Evangile est tel que nul n'a jamais été prêt à l'entendre comme source rédemptrice du Fils unique de Dieu et notre déification en Lui *dépasse tout ce que l'œil a vu et l'oreille entendu,* tout ce qui dépasse nos plus audacieuses espérances.

Cette allergie à l'écoute n'est pas, du reste, un phénomène propre à notre temps. Les contemporains de Jésus étaient-ils prêts à L'écouter? Un regard sur le crucifix nous fixe à ce sujet. Et si l'on veut connaître la réaction de la foule à l'annonce de la Résurrection Pascale par Saint Paul à l'aéropage d'Athènes, il suffira de lire les Actes. *"Lorsqu'ils entendaient parler de la Résurrection des morts, les uns se moquèrent et les autres dirent: Nous t'entendrons là-dessus une autre fois".* (Actes 17,32)

5. *"Je ne me sens pas qualifié pour parler".*

Examinons de près cette tentation inverse qui guette le chrétien du dedans en lui faisant croire que l'évangélisation est réservée aux saints et aux savants munis de diplômes.

D'abord est-il vrai que l'évangélisation soit l'apanage exclusif des saints? La sainteté du témoin est évidemment une grâce de choix pour l'Eglise; on pourrait citer ici des noms qui font l'unanimité, engendrant le respect, le préjugé favorable, l'adhésion. La liste est longue à travers l'histoire de l'Eglise. De temps en temps des noms nouveaux émergent à l'occasion de quelque canonisation et c'est une fête pour le ciel et pour la terre. Mais cela ne dispense pas le chrétien ordinaire de 'rendre raison de l'espérance qui est en lui', comme Saint Pierre le demandait aux chrétiens de la primitive Eglise qui étaient souvent bien 'ordinaires'.

Pour faire l'œuvre *de* Dieu - ce qui n'est pas à confondre avec l'œuvre *pour* Dieu - il faut avant tout Lui offrir notre bonne volonté. Dieu se sert de chacun et sa grâce nous surélève. Unis à Lui, nous allons bien au-delà de nos moyens. La théologie nous parle même de grâces purement gratuites données par Dieu en vue du bien de la Communauté sans que celles-ci sanctifient nécessairement le bénéficiaire lui-même. Les charismes de la primitive Eglise et ceux d'aujourd'hui attestent cette liberté souveraine de Dieu et interdisent tout monopole.

Quant à la science, remercions le Seigneur pour les théologiens qui répondent à leur vocation 'de croyants à la recherche de l'intelligence de la foi'. Le Concile Vatican II doit trop à leurs travaux qui l'ont préparé et enrichi pour minimiser leur importance et leur rôle. Mais il nous faut reconnaître aussi que Dieu n'a pas lié le devoir de l'apostolat à quelque parchemin universitaire. Son choix des 'douze' de Galilée n'indique certainement pas qu'un haut standing intellectuel soit indispensable pour fonder le Royaume de Dieu.

2. L'APPEL DE CHACUN À L'ÉVANGÉLISATION

L'Evangile nous montre comment Jésus appelle ses premiers disciples; d'un mot bref: *'suis-moi'*, et ils laissent là leur père, leur barque, leur table de percepteur d'impôts.

D'un mot qui est davantage une invitation qu'un commandement: *'si tu veux être parfait... vends tes bien et suis-moi'*.

Jésus invite à Le suivre, à mettre nos pas dans les siens, et Il ne promet pas que la route sera facile, mais simplement qu'Il sera avec eux, indéfectiblement.

L'appel du Seigneur, adressé à chacun de nous, est varié, nuancé dans l'approche, mais radical pour le fond. Avant d'accepter l'aventure de l'amour de Dieu, voyons ce que cet appel comporte de la part de Dieu.

L'appel vu du côté de Dieu, vu à sa lumière

L'appel au christianisme intégral est une manifestation d'un amour de prédilection et de choix. Il a appelé les douze, puis, un jour, le treizième: Saint Paul. Il n'a pas appelé les foules, au départ. Et, après la Pentecôte, nous voyons les cent vingt de l'Eglise naissante. C'est de là que tout a jailli, levain en vue de la pâte, mais levain d'abord.

Amour de prédilection, mais qui est, identiquement, envoi en mission. *"Je vous ai choisis ... pour que vous alliez et portiez du fruit"*. Choisis pour aller, choisis pour rayonner. Le choix est par lui-même ordre de mission.

'*Viens et ... pars*'. C'est un geste qui invite à l'intimité et, en même temps, à se tourner vers la foule.

Amour de prédilection, mais amour qui reste libre. Même lorsque l'évangéliste note seulement le 'suis-moi' de Jésus, sans la conversation préalable, il y avait déjà eu un dialogue intérieur, si bref fut-il, une invitation s'adressant à la liberté et la respectant. Jésus ne recrute pas de force, comme dans les armées de jadis. Mais, 'Il sait ce qui est dans l'homme' et Il répond à des attentes secrètes, inavouées, mal connues peut-être, des intéressés eux-mêmes.

Amour qui offre, qui suscite une vocation, qui veut une alliance. Et, ici encore, Jésus visiblement est ému Lui-même. Généralement, il a passé la nuit en prière avant pareil choix. Nous sommes ici dans une zone sacrée. *Il est des choses sacrées,* a dit le poète, *qu'on ne demande qu'une fois.* En cas de refus, comme pour le jeune homme riche 'qui s'éloigne parce qu'il avait de grand biens', Jésus n'insiste pas et passe outre. Le retrouvera-t-il plus tard? Mystère.

Mais, l'épisode nous apprend qu'il ne faut pas marchander à l'heure de l'appel, ni tergiverser, ni vérifier ses comptes en banque, ni consulter des amis 'sages', ni opter pour la sécurité et l'assurance-vie. Jésus invite à Le suivre, à l'aventure. Le chemin passe par des sentiers abrupts et il arrive qu'on passe la nuit au jardin des Oliviers, comme pour acclimater les siens à y passer la fameuse nuit qui ouvrit la Passion. C'est tout cela l'appel, vu du côté du Seigneur.

3. PROGRAMME DE VIE CHRÉTIENNE NORMALE AU QUOTIDIEN

Il s'agit de se laisser enraciner en Dieu (ad intra) pour se laisser envoyer par Dieu (ad extra). Ces deux mouvements qui, fondent l'engagement évangélique sont donc nécessairement complémentaires.

Ad intra

Au plan personnel, le chrétien doit alimenter et soutenir sa vie spirituelle par le recours au sacrement de l'Eucharistie et au sacrement de la guérison intérieure qu'est la Confession. Il doit vivifier sa vie spirituelle en l'alimentant par un temps déterminé quotidienne, de lecture spirituelle, avec priorité pour l'Ecriture Sainte, spécialement en lisant et méditant les textes liturgiques de chaque jour, nourriture spirituelle choisie, pour nous, par notre mère la Sainte Eglise. Ceci signifie se procurer un missel de la semaine, en plus de celui des dimanches.

Parlant de l'Eucharistie, Jean-Paul II n'a cessé d'insister sur sa place centrale dans une vie chrétienne. Dans un discours aux dirigeants du Renouveau charismatique, il disait:

"Selon l'idée que le Concile Vatican II a profondément imprimée en nous: l'Eucharistie est bien la source et le sommet de toute l'Evangélisation... Les chrétiens, déjà marqués par le Baptême et la Confirmation, trouvent en recevant l'Eucharistie leur insertion plénière dans le Corps du Christ".

Pour que l'Eucharistie puisse éveiller et nourrir notre foi, l'Eglise introduit chaque célébration eucharistique par la lecture de quelques textes sacrés, choisis au fil de l'année liturgique, en vue de nous mettre d'abord à l'écoute de Dieu.

Ouvrir, en esprit de foi, les pages du missel, c'est aller à un rendez-vous fixé par l'Esprit. Ces textes choisis pour nous, sont prioritaires si nous voulons vraiment 'sentir avec l'Eglise' et nous pénétrer jour après jour des 'sentiments mêmes qui étaient en Jésus'. J'ai à les recevoir comme j'accueille la lettre d'un ami qui partage mes soucis, mes craintes, mes espérances et qui veut cheminer avec moi en éclairant la route.

Je fais mienne en quelque sorte l'expérience du Prophète Isaïe disant: *"La Parole me réveille chaque matin, chaque matin, elle me réveille pour que j'écoute comme celui qui se laisse instruire ..."* (Is. 50,4)

Même si je ne puis assister à la célébration eucharistique, il faudrait que je prenne en mains le missel, en communion spirituelle avec l'Eglise, pour entrer en dialogue ainsi avec le Seigneur et imprégner ma journée de son message.

Chaque jour, nous avons à nous laisser faire par sa parole, à nous laisser modeler par elle, comme la glaise sous les mains du potier.

Pour comprendre l'ampleur et la portée de l'Eucharistie, et en particulier, de la célébration eucharistique, il suffit de peser les paroles que nous chantons dans le 'gloria in excelsis' de la messe: nous T'adorons, nous Te glorifions, nous Te rendons grâce pour ton immense gloire. Toi qui enlèves le péché du monde, reçois notre prière.

L'Eucharistie est sacrifice d'adoration, d'action de grâce, de guérison, de pardon. C'est par le Christ, notre Seigneur, que nous allons au Père, dans cette montée jusqu'au trône de Dieu. Et c'est par Lui, avec Lui et en Lui que Dieu répond à notre prière, qui ne peut jamais ne pas être exaucée.

Si nous retrouvons le sens de la célébration eucharistique, nos communautés chrétiennes reprendront vie: la célébration dominicale - cette Pâques hebdomadaire - est le test même de notre fidélité au Maître. *"Faites ceci en mémoire de moi"*, jusqu'à son retour glorieux.

L'Eucharistie est aussi nourriture et breuvage. Avec cette mystérieuse particularité que dans la communion ce n'est pas nous qui transformons la nourriture en aliment de vie, mais l'Aliment qui nous transforme en Lui.

L' Eucharistie enfin n'est pas seulement communion sacramentelle: la Présence réelle qui perdure et que nous vénérons comme telle, invite à l'adoration silencieuse aux pieds du Maître, devant le Tabernacle.

*

* *

Parmi ces temps forts, il faut souligner l'importance des retraites; en particulier la retraite dont le prototype demeure la Chambre Haute de Jérusalem où les disciples, en prière avec Marie, vécurent 'le Baptême dans l'Esprit' qui les transforma. Ces retraites débouchent tout normalement, pour des chrétiens jusque-là inactifs au plan religieux, à assumer un engagement concret. Ce serait un grand bienfait dans ce sens de participer à de telles rencontres spirituelles et même de les susciter.

Ad extra

Au plan apostolique, le chrétien doit être 'témoin du Christ, en paroles et en actes, toujours et partout'. Il ne faut pas attendre que tous les préliminaires humains soient en place. Le postulat selon lequel: 'il faut humaniser d'abord, évangéliser ensuite' a bloqué souvent l'élan apostolique au détriment du reste de l'humanisation véritable, dont le Christ Lui-même est la clé de voûte. Il ne faut pas craindre de témoigner de sa foi. Le Pape Jean-Paul II a rappelé ce devoir dans un message:

"Je vous demande, disait-il, *au nom du Christ Seigneur de vous faire des annonciateurs de l'Evangile ... Comme membre de l'Eglise chacun doit assumer sa part de responsabilité... Chacun de vous doit faire comprendre à son voisin, dans sa famille, à l'école, dans le monde de la culture, du travail, que le Christ est le Chemin, la Vérité, la Vie".* (22 octobre 1985)

Pour le soutenir à ce plan, le chrétien a besoin de l'appui de ses frères dans la foi. S'il ne fait pas partie d'un groupement à finalité apostolique, qu'il en cherche un qui réponde à ses aspirations.

S'il n'en trouve pas, il est à souhaiter qu'il aide à susciter, en milieu paroissial, des petites cellules évangéliques où des chrétiens partagent leur vie chrétienne, dans la double dimension personnelle et apostolique.

4. QUELQUES CONSÉQUENCES PRATIQUES

Une fois reconnue la profondeur et la priorité de mon 'être chrétien', les corollaires pratiques s'offrent à nous en de multiples directions. Un premier exemple m'interpelle de plein fouet. Que dois-je répondre à la question: Suis-je d'abord un évêque chrétien ou un chrétien évêque?" La question me va droit au cœur et m'oblige à l'examen de conscience toujours inconfortable.

Ou encore, m'adressant au public: "Etes-vous d'abord un patron chrétien ou un chrétien patron? Etes-vous d'abord un prof chrétien ou un chrétien prof? Etes-vous d'abord une mère de famille chrétienne ou une chrétienne mère de famille? ..." On pourrait continuer: où est le substantif et où est l'adjectif dans notre vie?

Autre exemple: dans un couple chrétien, qu'est-ce qui prime pour assurer vraiment l'épanouissement chrétien des époux: sont-ils d'abord mari et femme, appelés à vivre en complémentarité? Où sont-ils d'abord plus profondément encore frère et sœur en Jésus-Christ, appelés à vivre l'Evangile au quotidien, à s'aimer de l'amour même de Dieu, dans l'oubli de soi, le pardon mutuel, la fidélité qui s'enracine dans l'alliance même du Christ et de son Eglise?

Autre exemple encore, au plan pastoral: nous faisons grand usage de la règle d'action bien connue: voir, juger, agir. Cette règle a tout son sens au plan sociologique; mais en optique chrétienne, il lui faut des compléments:

- voir, oui, mais avec les yeux du Christ.

- juger, oui, mais à la lumière de l'Evangile intégral.

- agir, oui, mais dans la logique et la puissance de la foi. Tout cela n'est pas facultatif.

5. QUELQUES ATTITUDES FONDAMENTALES D'UN CHRÉTIEN AUTHENTIQUE

Pour faire la jonction entre la théologie et la pastorale je voudrais ici faire référence à un article écrit par le Cardinal Danneels dont voici plusieurs extraits:

Avons-nous encore le courage d'annoncer le Christ?

J'aimerais faire à ce propos un examen de conscience afin de retrouver la réalité fondamentale de notre foi. L'Encyclique Redemptoris Missio aborde le problème fondamental de l'évangélisation. J'estime que les questions qui y sont soulevées valent autant pour l'évangélisation ici, chez nous, que pour l'évangélisation lointaine.

Questions: Faut-il encore évangéliser? Ne peut-on pas remplacer l'évangélisation par le dialogue entre religions? Ne suffit-il pas de valoriser l'homme par le développement? Ne faut-il pas respecter la foi d'autrui, la liberté des consciences? Et puis, toutes les religions ne se valent-elles pas?

Nous ne pouvons écarter ces problèmes, car leurs racines sont saines: liberté de conscience, démocratisation, respect de la vie privée, respect des autres religions et sens du dialogue. Ces valeurs ont été soulignées par Vatican II. Ces questions ne découlent donc pas d'un cœur pervers, mais d'un cœur droit et bon. N'empêche qu'elles font problème.

Il n'y a qu'un seul Sauveur

Nier que le Christ soit l'unique Sauveur de tous, nous obligerait à éliminer les trois quarts du Nouveau Testament. Car l'accent que Pierre et les Douze, Paul et Jean, mettent sur l'unicité du Christ Sauveur est d'une force inouïe.

La conviction profonde des premiers disciples de Jésus Lui-même fut qu'il était l'unique Sauveur. Il s'agit là d'un point fondamental qui détermine tout.

Sans l'unicité du Christ, la foi devient facultative. Pas de légitimation possible de la mission. De quelle autorité irait-on parler du Christ à d'autres peuples si le Christ n'est qu'un parmi d'autres? Sans l'unicité du Christ, toute évangélisation n'est que prétention.

Ne peut-on être sauvé autrement? Beaucoup de nos contemporains vivent de manière plus évangélique que les chrétiens. Il y a donc des 'semina Verbi'* hors des frontières de notre Eglise visible, hors du lien visible avec le Christ. Mais nous devons affirmer que toutes ces traces de salut sont associées à l'unique Christ. Car le passage grâce à la prédication, du lien implicite vers le lien explicite relève de la volonté de Dieu: Allez, enseignez toutes les nations et baptisez-les.

François d'Assise a approché les musulmans et le cheik. Il est parti annoncer Jésus dans un tel respect du cheik et des musulmans qu'après six siècles on en fait encore mémoire. Je crois que c'est cette attitude que nous devons trouver.

Ne pas séparer le Royaume et le Christ

Second point fondamental: le lien entre la

---

* 'Semence de la Parole'

personne de Jésus et le Royaume de Dieu. Ce Royaume de Dieu comprend des valeurs: tolérance, solidarité, charité, paix, partage, engagement pour un ordre mondial juste ... Ces valeurs sont promues par Jésus et sont inhérentes à sa Personne.

On a tendance à détacher les valeurs du Royaume de Dieu de la personne de Jésus. Avouons que beaucoup de nos associations et mouvements en sont arrivés là. Il ne faut pas pour autant les accuser ou les condamner. Nous constatons que beaucoup chantent les louanges des valeurs du Royaume de Dieu et les promeuvent. Il est heureux qu'il en soit ainsi, loin de moi de leur jeter la pierre. Seulement sont-ils sûrs que ces valeurs qu'ils ont détachées du Christ, persisteront à la longue?

Beaucoup de nos associations d'inspiration chrétienne s'efforcent de promouvoir les valeurs chrétiennes et je les approuve, c'est un bienfait pour l'humanité et pour la civilisation, mais il y a un réel danger que ces valeurs, détachées de l'ensemble d'une vie chrétienne, finissent par s'étioler. Il est donc très important que la promotion des valeurs se nourrisse de contemplation, de foi, de sacrements, de liturgie.

Ne pas séparer Dieu et le Christ

Troisièmement: on ne peut promouvoir une idée vague de Dieu, détachée du Christ. La révélation chrétienne ne conduit pas vers un certain théisme. Elle évolue à partir de Yahvé, le Dieu de l'Ancien Testament et notre Dieu, par le Christ mort et ressuscité, vers la pleine reconnaissance du Père, du Fils et de l'Esprit Saint. La reconnaissance de la Trinité est étroitement liée à la révélation du Christ.

Le but de l'évangélisation n'est pas de faire des croyants en Dieu, mais des croyants en Dieu Un, Père, Fils et Saint-Esprit. Le seul qui peut nous introduire dans cette foi dans la Trinité est le Fils de Dieu, devenu homme. Il est le seul à avoir vu le Père, le seul qui peut nous envoyer l'Esprit. Les autres éléments de notre action ne s'en trouvent pas condamnés, mais il faut les mettre à leur place relative.

Quelle prétention avons-nous de détenir la vérité? Un ver ronge les racines de l'évangélisation: "Qui êtes-vous dit-on constamment, pour que vous prétendiez posséder la vérité?" Si nous n'avions pas reçu notre mission du Christ, si ce n'était pas Lui qui nous avait mis ses paroles dans la bouche, toute parole évangélisatrice ne serait qu'un prétention inouïe. Celui qui ne fait que dire ce qu'il a reçu dans la foi ne peut être accusé de prétention.

Jésus eut les mêmes difficultés ainsi que les apôtres quand ils ont préféré obéir à Dieu plutôt qu'aux hommes. Si nous n'étions pas obéissants à Dieu qui nous envoie, nous n'aurions pas droit à la parole. Pareilles objections nous obligent à nous situer face au Christ. Elles nous font donc du bien. Courage!

CHAPITRE IX

Prière à l'Esprit Saint
au seuil des Temps Nouveaux

*"C'est un feu que je suis venu apporter sur terre,
et comme je voudrais qu'il soit déjà allumé!"*

(Lc 12, 49)

L'Esprit qui nous recrée

*Envoie ton Esprit,
tout d'abord par priorité
pour me recréer moi-même.
Dégage-moi de mes péchés,
de mes peurs,
de mes complexes,
et remplis moi,*

à pleins bords,
de ta sagesse,
de ta puissance,
de ta vie.

L'Esprit qui révèle le Père

Envoie ton Esprit
qui scrute et révèle,
ton insondable tendresse de Père,
envers tous tes fils,
prodigues ou non.
Qu'Il nous enseigne à reconnaître ta voix,
à la capter,
sans parasites,
sur ta longueur d'ondes.
Qu'Il nous apprenne à prier,
en T'appelant par ton nom de Père,
avec un cœur d'enfant,
qui se sait compris et aimé.

L'Esprit qui révèle le Fils

Envoie ton Esprit,
qui nous révèle le secret de ton Fils,
"en qui Tu mis toute ta joie",
et en qui nous mettons
toute notre espérance.
Qu'Il nous fasse comprendre l'Evangile,

verset par verset,
dans sa brûlante actualité.
Et qu'Il nous aide à le traduire,
au cœur du monde,
afin qu'en voyant vivre les chrétiens,
on reconnaisse en eux,
un rayon de sa face,
l'accent de sa voix,
la tendresse de son cœur
et de son sourire.

L'Esprit qui révèle l'Eglise

Envoie ton Esprit,
qu'Il nous révèle aussi le vrai visage
de ton Eglise
par delà les déficiences de ses disciples,
qui cheminent d'un pas pesant,
alourdis par vingt siècles d'histoire.
Qu'Il nous introduise
dans le mystère caché de cette Eglise,
dont Marie est la vivante Icône
et qu'Il demeure avec nous,
pour que ton Eglise reste
pour chaque génération qui passe,
le témoin fidèle,
l'interprète authentique,
le sacrement de Jésus.

L'Esprit qui refait l'unité

Envoie ton Esprit,
sur ton Eglise divisée,
en quête, douloureusement,
de son unité visible;
afin que tes disciples pressent le pas,
pour hâter l'heure où l'Amour et la Vérité,
ne feront qu'Un
au foyer de tes enfants réconciliés;
afin que cesse le scandale,
qui n'a que trop duré,
et que le monde croie,
en Celui que Tu as envoyé.

L'Esprit qui réconcilie

Envoie ton Esprit,
sur la Terre des hommes,
pour qu'Il triomphe des oppositions,
et les libère des haines,
des injustices qui les déchirent,
et qu'Il crée entre eux,
la communion fraternelle,
qu'ils cherchent à tâtons,
et qui prend sa source
dans la communion suprême,
du Père, du Fils et de l'Esprit. Amen.

TROISIÈME PARTIE

Le chrétien, enfant du Père

CHAPITRE X

La paternité de Dieu

*"Dieu prépare toujours ses grandes œuvres
dans le clair obscur de la foi."*

Card. Danneels

1. "MON PÈRE ET VOTRE PÈRE

Pour mieux comprendre l'ampleur du mystère du Christ, il est bon de prendre de l'altitude, comme on fait en montagne pour mieux découvrir le paysage. Qui veut pénétrer dans son âme doit y percevoir avant tout sa relation filiale avec son Père: elle domine et régit toute son existence. Cette relation du Fils au Père, vécue au sein même de la Trinité, le Verbe de Dieu l'a transposée et l'a traduite pendant sa vie terrestre dans le temps et dans l'espace. Sa référence vécue au Père est vitale; elle est comme sa respiration.

Un jour l'apôtre Philippe dit à Jésus: *"Maître, montre-nous le Père, cela nous suffit."* On connaît la réplique: *"Philippe, qui me voit, voit mon Père."* (Jn. 14,8-9)

Cette parole est comme un éclair dans la nuit: elle illumine un firmament.

Nous n'avons jamais le droit de déconnecter, si j'ose dire, le Fils du Père, d'oublier cette mutuelle transparence. Sans elle, Il ne serait plus Lui-même. C'est vers le Père que se porte l'élan même de sa vie. C'est à la révélation du Père et de son Royaume qu'Il consacre sa prédication. Il est venu *nous raconter son Père,* nous faire connaître la force et la tendresse de son amour paternel à l'égard du monde et de chacun d'entre nous: amour pénétrant jusque dans le dernier détail de nos vies. Jésus est venu nous faire entrevoir les horizons insoupçonnés du cœur de son Père et l'abîme de sa miséricorde.

Au seuil de cette troisième partie, je voudrais laisser Jésus Lui-même nous partager ses sentiments envers son Père, en citant ce cri du cœur de Jésus, que nous a transmis saint Luc:

"Jésus, exultant de joie sous l'action de l'Esprit Saint dit: Père, Seigneur du ciel et de la terre, je

voudrais proclamer ta louange! Ce que Tu as caché aux sages et aux savants, Tu l'as révélé aux tout-petits. Oui, Père, Tu l'as voulu ainsi dans ta bonté. Tout m'a été confié par mon Père; personne ne connaît qui est le Fils, sinon le Père et celui à qui le Fils veut le révéler.

Puis Il se tourna vers les disciples et leur dit en particulier: Heureux les yeux qui voient ce que vous voyez! Car je vous le déclare: beaucoup de prophètes et de rois ont voulu voir ce que vous voyez et ne l'ont pas vu, entendre ce que vous entendez et ne l'ont pas entendu." (lc 10, 21-22)

Cette page d'Evangile nous est offerte en lecture par l'Eglise dans la première semaine de l'Avent. Elle serait à valoriser pour que nous en captions nous aussi le message qui nous interpelle.

Les échos à ce cri du cœur de Jésus se retrouvent à plusieurs reprises dans les Evangiles. Il résonne avec un accent particulièrement émouvant à l'heure où sa mort approche. La Cène du Jeudi Saint s'achève et Jésus dit aux apôtres que 'son heure est venue' et que l'heure des adieux a sonné:

"Il faut que le monde sache que j'aime mon Père et que j'agis comme le Père me l'a ordonné: Levez-vous partons d'ici."(Jean 14,31)

Comme fil conducteur, pour nous introduire au Père, les évêques de mon pays ont consacré au Père cette page qu'il convient de méditer [*] :

"Avant de reconnaître Dieu comme 'tout-puissant', il est bon de Le découvrir comme Père. D'abord Dieu est Père en Lui-même, parce qu'au sein de la Trinité, avant que rien ne soit, Il engendre son Fils. Dieu est amour parce que l'amour, qui est union dans la Trinité, a son origine dans le Père. Ensuite, Il est aussi notre Père parce qu'Il nous a créés et qu'Il nous aime au point de nous adopter comme ses fils.

Tout homme est profondément marqué par la relation à son père et à sa mère: il n'est pas facile pour un enfant de grandir sans une relation libératrice et épanouissante. Cela est vrai dans notre histoire personnelle et cela vaut pour l'histoire de l'humanité entière. A cause de tant de blessures dans les relations fils-père sur le plan humain, notre relation au Dieu-Père peut en souffrir.

Beaucoup de fausses images de Dieu, celles d'un père ou d'une mère surprotecteurs ou jaloux de leur supériorité, celles d'un père oppressif ou

---

[*] Livre de la foi, Desclée, 1987, p 23

débonnaire, ont éveillé en nous l'angoisse ou la rébellion. Beaucoup de nos contemporains vivent ce drame: 'C'est Dieu ou c'est moi!', déclarent-ils. Pour devenir adulte, on est censé devoir éliminer Dieu de la pensée, de la culture et de la société. Ne serait-ce pas, au contraire, de l'absence de Dieu que notre société est malade? Là où on fait silence autour de Dieu, beaucoup de gens ont froid de n'avoir plus de Père.

Comment serions-nous tous frères et sœurs, si nous n'avions un même Père? S'il n'y a pas de Père, il n'y a ni frères, ni sœurs. Pour la foi chrétienne, Dieu a toujours été un Dieu qui s'occupe amoureusement de nous. Jésus dit que le Père est bon, ce qui veut dire que sa présence nous rend heureux.

Dieu est 'Notre Père' parce que, dans sa bonté, Il a voulu l'être. L'image d'un Dieu sévère et répressif a fait douter de Lui. Mais Dieu nous aime tant qu'Il nous donne son Fils pour que nous comprenions qu'Il veut être notre Père.

'Que Dieu tout-puissant vous bénisse, le Père, le Fils et le Saint-Esprit'. Ainsi s'achève chaque Eucharistie. Celui qui fait tout exister fait exister les hommes pour l'éternité, car Il ne retirera jamais son amour qui nous fait vivre. Dans un

même amour, Jésus fait de nous ses frères, et le Père nous adopte comme ses enfants tout en se faisant adopter par nous. Le secret de l'alliance entre Dieu et les hommes est cette adoption mutuelle.

Souvent nous entendons dire: 'Pourquoi Dieu ne fait-Il pas ceci? Pourquoi n'a-t-Il pas empêché telle catastrophe? Répond-Il à nos prières? Quelle est sa puissance? et qu'en fait-Il?'

Dieu est tout-puissant parce qu'Il a tout créé. Il a fait l'univers tel qu'Il est et la puissance de son amour se manifeste dans tout ce qui existe et non dans tout ce que nous imaginons qu'Il pourrait faire. Il n'empêche pas à tout moment les hommes de souffrir des bouleversements de la nature et de l'histoire.

L'homme et la femme sont doués d'amour et d'intelligence et Dieu les appelle à gouverner le monde avec Lui. Ainsi travaillent-ils au développement des sciences, des arts et de la solidarité fraternelle. Ils contribuent avec leur Créateur à l'aménagement du monde. Nous savons que Dieu veut le bien pour toutes ses créatures. Sa puissance d'aimer dépasse tout ce que nous pouvons imaginer et Il nous la donne en partage. Dieu agit dans l'histoire des hommes et dans la vie de chacun mais son amour tout-puissant ne force pas notre liberté: Il la respecte et Il attend notre collaboration. Dieu ne veut pas des sujets, mais des fils.

La création est en perpétuel devenir. Cette évolution est vécue par l'homme dans la joie de la croissance, mais aussi dans la souffrance de celui qui vit, jour après jour, la présence de la mort dans la fragilité. L'homme est créature et, en cela, il est limité et fragile. Le croyant émerveillé est plein de reconnaissance devant tout ce que Dieu fait par amour. Mais tout homme est aussi exaspéré par la souffrance qui le provoque à mal vivre sa condition d'homme. C'est pourquoi, dit Saint Paul, 'toute la création gémit maintenant encore dans les douleurs de l'enfantement'.

(Rm 8,22)

Le chrétien vit la souffrance dans la foi au Christ qui le libère et qui conduit toute la création vers son plein achèvement. Avec le Christ, il combat le mal et le péché qui introduisent le désordre en lui-même et dans le monde. Il vit la toute-puissance de Dieu comme l'expression de l'amour qui triomphe du mal et achemine toute la création vers un monde nouveau."

'*L'année du Père*', qui est annoncée comme thème central de l'année 1999, offrira une magnifique occasion de creuser en profondeur le mystère de la Paternité de Dieu et d'inviter les chrétiens à vivre en profondeur les termes du Pater que l'on récite souvent d'une manière routinière sans en pénétrer la richesse et l'engagement de vie qu'il inclut pour nous. Aux premières heures du christianisme l'oraison dominicale n'était pas transmise d'emblée aux catéchumènes. Le Pater n'est pas d'abord une prière à *'réciter'* mais une invitation à la vie chrétienne à vivre avec le courage de la foi, martyre inclus.[*]

2. L'AMOUR ATTENTIF DU PÈRE

Nous reconnaissons Dieu comme notre Père dès le premier mot du Pater.

---

[*] L'année du Père pourrait être l'occasion de tirer au clair la sixième pétition du Pater où il est demandé à Dieu 'qu'Il ne nous soumette pas à la tentation' qui peut faire croire que c'est Dieu qui nous teste, ce qui est formellement contredit par l'Ecriture (au chapitre premier de la lettre de Saint Jacques). Au moment où j'écris ces lignes j'apprends par la presse que les évêques d'Australie ont demandé au Saint Siège une formulation à l'abri de ce contresens. Voir aussi: La Revue théologique de l'Université de Louvain, 1995, fascicule 3, p 306. qui traite en détail du sujet.

Mais, sommes-nous vraiment convaincus que Dieu est Père, que personne n'est père comme Lui et que toute paternité dérive et découle de la sienne? Ce mot a-t-il pour nous toute sa portée, sa chaleur, sa plénitude?

Dans la revue *Prier,* une lectrice demandait qu'on lui clarifie le sens de la paternité de Dieu qui lui faisait problème. Elle écrivait:

> *"J'ai des problèmes avec Dieu le Père. Je suis constamment ramenée à l'idée d'un Dieu sévère qui juge, et peut-être cela est-il lié à des difficultés relationnelles avec mon propre père. Comment découvrir l'amour de ce Père bon et miséricor-dieux?"*

En fait, ce problème nous interpelle tous. Avant d'esquisser une réponse, il nous faut humblement, prendre acte de l'avertissement de Saint Paul qui nous rappelle que *seul l'Esprit Saint scrute les profondeurs de Dieu.* A Lui de nous éclairer et de nous introduire dans le secret de l'amour d'un Père qui nous aime tous, d'une tendresse attentive, comme si nous étions seuls au monde, et qui nous enveloppe de son amour inépuisable, invulnérable, inlassable. Puisse l'année du Père projetée pour l'an 1999 anticiper déjà pour chacun de nous cette découverte en profondeur de vie!

Dieu nous aime, un à un, personnellement. Il est bon de prendre conscience de cet amour enveloppant et direct de Dieu. Il ne faut pas rester dans l'anonymat devant Lui: les liens d'un Père avec ses fils sont des liens de connaissance intime, d'affection réciproque. Dieu nous connaît un à un. Il ne nous confond avec nul autre. Il nous connaît par notre nom, par notre prénom. Il connaît notre histoire, page par page. Il en connaît toutes les lignes, tout l' interligne et même le filigrane.

Il nous suit pas à pas, du berceau à la tombe; rien n'échappe à son regard, à sa tendresse. Il n'y a pas un cheveu qui tombe de notre tête sans sa permission, comme pas une feuille qui se détache d'un arbre.

Le psaume 139 exprime admirablement cette providence omniprésente:

"Jahvé, Tu me sondes et Tu me connais,
Tu sais quand je suis assis ou levé,
Tu découvres ma pensée de loin.
Tu m'observes quand je suis en marche
ou couché et toutes mes voies Te sont familières.

La parole n'est pas encore sur ma langue,
que déjà, Jahvé, Tu la connais entièrement.
En avant et en arrière Tu m'entoures
et Tu mets ta main sur moi!

Science trop merveilleuse pour moi,
elle est trop élevée que j'y puisse atteindre!

Où aller loin de ton esprit.
Où fuir loin de ta face?
Si je monte aux cieux, Tu y es;
si je me couche dans le soleil, Te voilà!
Si je prends les ailes de l'aurore,
et que j'aille habiter aux confins de la mer,
là encore ta main me conduira,
et ta droite me saisira.

Et je dis: Au moins les ténèbres me couvriront, et
la nuit sera la seule lumière qui m'entoure!
Les ténèbres mêmes n'ont pas pour Toi
d'obscurité; pour Toi la nuit brille comme le jour,
et les ténèbres comme la lumière!

C'est Toi qui a formé mes reins
et qui m'as tissé dans le sein de ma mère
je n'étais qu'un germe informe, et tes yeux me
voyaient et sur ton livre étaient tous inscrits les jours
qui m'étaient destinés
avant qu'aucun d'eux fut encore.

O Dieu, que tes pensées me semblent ravissantes!
Que le nombre en est grand !
Si je les compte,

elles surpassent en nombre les grains de sable;
je m'éveille, et je suis encore avec Toi!"

Dieu nous aime et Il sait tout, Il nous comprend. C'est si bon d'être compris, exactement selon le meilleur de nous-même. Et c'est si rare! *"Il faut être tellement avec moi pour être mon ami",* écrivait Bloy dans son journal intime. Dieu est tellement avec nous, de notre côté, de notre bord. Dieu nous accorde le préjugé favorable. Il prend l'initiative du pardon dès que le moindre signe de bonne volonté apparaît, suscité d'ailleurs encore par sa grâce au travail.

Dieu nous aime, et Il nous garde dans toutes nos voies. L'Ecriture nous dit qu'Il a confié aux anges le soin de veiller sur nous, comme elle nous dit encore que Dieu a compté tous nos os.

Elle nous révèle aussi que son approche est parfois subtile et graduée. Quand Marie-Madeleine vit le Maître auprès du tombeau, dans le jardin, au matin de Pâques, elle crut que c'était le jardinier.

Quand les Apôtres Le virent apparaître sur les flots du lac, ils crurent que c'était un fantôme. Quand les disciples d'Emmaüs Le croisèrent sur le chemin, ils crurent que c'était un voyageur de passage, bien étranger à leurs inquiétudes.

3. L'HUMANITÉ SANS PÈRE

Pour mieux comprendre par contraste combien la foi en Dieu, Père des hommes, est une grâce et une force de vie, je voudrais citer ici une page bouleversante d'un non-croyant de grande classe: Jean Rostand, académicien, auteur d'importants travaux sur la place de la biologie dans la culture humaine contemporaine. A travers lui, nous entendons comme un appel en creux, à rendre témoignage de notre foi filiale. Voici comment J. Rostand voit l'homme, perdu dans le cosmos:

"Atome dérisoire, perdu dans le cosmos inerte et démesuré, l'homme sait que sa fiévreuse activité n'est qu'un petit phénomène local, sans signification et sans but. Il sait que ses valeurs ne valent que pour lui, et que, du point de vue sidéral, la chute d'un empire, ou même la ruine d'un idéal, ne compte pas plus que l'effondrement d'une fourmillière sous le pied d'un passant distrait.

Aussi n'aura-t-il d'autre ressource que de s'appliquer à oublier l'immensité brute qui l'écrase et qui l'ignore. Repoussant le stérile vertige de l'infini, sourd au silence effrayant des espaces, il s'efforcera de devenir aussi incosmique que l'univers est inhumain; farouchement replié sur lui-même, il se consacrera humblement, ter-restrement à la réalisation de ses desseins chétifs, où il feindra de prêter le même sérieux que s'ils visaient à des fins éternelles."

A ce texte je voudrais simplement ajouter une annonce nécrologique, recueillie dans un journal, et qui elle aussi nous interpelle:

Je cite: *"Nous apprenons le passage au néant de Mr. X ... Pas de visites, pas de condoléances. La vie continue."*

4. L'AMOUR PATERNEL ET MATERNEL DE DIEU

"Père dont le nom est tendresse
Père dont le nom est jeunesse
Père dont le nom est amour
Père dont le nom est père
Et presque dont le nom est mère
Père dont le nom est secours." [*]

---

[*]Texte tiré du livre "François" par Auguste Valentin, S.J.

En appelant Dieu *'Père'* nous ne restreignons pas le contenu du mot Père à sa seule résonnance masculine: en Dieu nos références au sexe ne jouent plus. Jésus nous a enseigné à appeler Dieu *'Notre Père'*: les disciples du Maître restent donc tout naturellement fidèles à son vocabulaire mais fidèles aussi à la richesse de son contenu. Et l'Ecriture Sainte est riche en allusions féminines pour caractériser l'amour du Père avec toutes ses nuances. L'Ecriture Sainte nous dit: *"Une mère oublierait-elle son enfant ... moi Je ne t'oublierai jamais"* (Isaie 49, 15).

On trouve dans l'Ancien Testament une image du Père présentée sous des traits maternels:

" Car Sion disait:
'Jahvé m'a abandonné
le Seigneur m'a oublié'
Une femme oublie-t-elle l'enfant qu'elle
* nourrit, cesse-t-elle de chérir*
* le fils de ses entrailles?*
Même s'il s'en trouvait une par l'oublier!
Moi, je ne t'oublierai jamais.
Vois donc, je t'ai gravée sur les paumes de
mes mains." (Is. 49,14-16)

Et encore: *"Comme un homme que sa mère console ainsi je vous consolerai."* (Isaie 66,13)

Nous n'avons pas fini d'enrichir notre perception de l'amour du Père car il renferme en lui, éminemment, toute la diversité et les nuances de l'amour humain sous ses formes: conjugal, parental, fraternel, amical.

Pour nous révéler la face maternelle de son amour, Dieu n'a pas inspiré une appellation féminine mais Il nous a donné une mère humaine: Marie, qu'Il a inondée de sa grâce, pour elle-même et pour nous, comme instrument privilegié de sa propre tendresse.

*

* *

Jésus ne nous a pas laissé en héritage des livres savants. Il a choisi un autre moyen pour faire entrevoir aux siens la psychologie profonde de son Père: Il a raconté une histoire - peut-être la plus émouvante de l'Evangile - la parabole du fils prodigue. Ce n'est pas l'image du fils qui est à l'avant-plan dans cette parabole mais celle du père qui n'a cessé d'attendre le retour du fils prodigue. Dès qu'il l'aperçoit au loin son cœur va à sa rencontre. Sa joie éclate en un mot: mon fils. *Mon fils était mort et il est revenu à la vie, il était perdu et Je l'ai retrouvé.* Le père ne laisse même pas à son fils le temps d'exprimer son repentir.

CHAPITRE XI

L'Agir de Dieu

"Se résigner, c'est mettre Dieu entre la douleur et soi."

Madame Swetchine

1. L'INCOGNITO DE DIEU

Dieu nous aime, d'un amour personnel, direct, enveloppant, caché sous le jeu des hasards et des causes secondes. Il y a d'étonnants hasards dans l'Evangile. Voici un épisode qui relève des imprévus de Dieu.

- Notre Seigneur fatigué du chemin s'assied au bord d'un puits, le puits de Jacob. Quoi de plus naturel ! Une femme de Samarie surgit à ce moment, portant une cruche d'eau. Quoi de plus simple! Et pourtant, quelle rencontre de la miséricorde de Dieu avec la faiblesse humaine! Toute la destinée de cette femme se joue dans ce dialogue du Maître qui l'arrache à son passé et en fait la messagère du Messie auprès des siens.

- Et voici un autre exemple de ce jeu mystérieux de l'Amour de Dieu aux aguets. Les Ecritures nous racontent comment Saint Etienne, le premier martyr de l'Eglise, fut lapidé. Le récit s'achève par ces lignes: *"Les témoins déposèrent les vêtements d'Etienne au pied d'un jeune homme qui s'appelait Saul."*

Le trait est marqué. Ne cache-t-il pas déjà le mystère de la conversion de Saint Paul qui sera le premier fruit de ce martyre sanglant, la première conquête de Saint Etienne? Ce hasard, cette coïncidence, ne cache-t-elle pas déjà le cheminement de l'Amour de Dieu pour le futur Saint Paul? Nous avons peine à croire que Dieu s'occupe de nous d'une manière aussi attentive.

Pourtant l'Evangile nous le montre par tant d'exemples que l'on peut multiplier.

- Voici Cana et les noces auxquelles Jésus assiste avec sa Mère. A un moment donné le vin menace de manquer. Marie adresse à son Fils cette simple prière: *"Ils n'ont plus de vin"*. Et le premier miracle public de Jésus sera la réponse à cette prière; un miracle pro-voqué par un humble détail de ménage, pour empêcher une gêne chez des pauvres qui peut-être n'avaient encore eux-mêmes rien remarqué. Ce détail, Dieu a jugé qu'il valait la peine de s'y arrêter et de pencher sur lui sa toute puissance et son amour.

- Voici encore Nathanaël qui vient se présenter au Maître à l'heure où Jésus recrute ses premiers disciples. Jésus lui dit en le voyant venir: *"Voici un authentique Israélite, un homme sans artifice"*. *"D'où me connais-Tu"*, lui dit Nathanaël. Ecoutez cette réponse du Maître: *"Avant que Philippe t'appelât, quand tu étais sous le figuier, je t'ai vu."* Nous ignorons à quoi Jésus fait allusion, mais sa réponse trahit une attention en éveil.

2. L'HEURE DE DIEU

Pour nous aider à reconnaître la présence attentive de Dieu dans notre vie, il est bon de prendre conscience aussi d'une loi propre à l'action de Dieu et que nous sommes perpétuellement tentés d'oublier parce qu'Il ne se manifeste pas à nous à l'heure que nous espérons.

Et toute l'Ecriture nous répète à l'envie combien Il est jaloux de son heure.

Que de fois Jésus n'a-t-Il pas dit: *"Mon heure n'est pas encore venue"* - *"Mon heure approche."* Visiblement Il ne laisse à personne, sinon à son Père, le soin de déterminer l'heure de Dieu. Il ne veut pas être contraint, ni brusqué. Il sait attendre et choisir son moment.

Dans la barque, Il dort au moment de la tempête: Il n'est pas pressé de se porter au secours de ses disciples tremblants. Mais Il est là, et Il fera le geste d'apaiser les flots, quand son heure sera venue.

Quand on L'interroge sur l'avenir, Il dit aux siens: *"Vous ne connaissez ni le jour ni l'heure."* Et Il dira à Pierre qui ne comprend pas pourquoi le Maître veut lui laver les pieds: *"Ce que je fais, tu ne le comprends pas en ce moment, tu le comprendras plus tard."*

Nous aussi, nous devons accepter de recevoir les manifestations de l'amour de Dieu à l'heure que Dieu se réserve. Il nous faut accepter le rythme propre de Dieu. C'est pour cela, parce que nous voulons imposer à Dieu notre rythme, que les chrétiens se plaignent si facilement que Dieu n'exauce pas leurs prières. Dieu les exauce, infailliblement. Mais à son heure. *"Mes voies,* dit Dieu, *ne sont pas vos voies et mes pensées ne sont pas vos pensées."* Laissons-Le faire: Il sait infiniment mieux que nous ce qu'Il fait. Et croyons, d'une foi inébranlable, que tout concourt au bien de ceux qui aiment Dieu. Et *tout*, mes frères, veut dire TOUT. Tout, donc aussi cette souffrance qui vous torture peut-être. Tout, donc aussi ces péchés dont le souvenir vous humilie.

L'amour de Dieu se joue de tout ce qui paraît entrave ou obstacle. Faites-Lui crédit, faites-Lui confiance. Un jour vous remercierez Dieu, au ciel, des prières qu'Il n'a pas exaucées ici-bas à votre manière, mais à la sienne. Un jour vous remercierez Dieu de vous avoir aimé, en Dieu, de toute la hauteur, de toute la largeur, de toute la profondeur d'un amour qui nous dépasse et nous confond. Et alors il ne sera pas trop de toute l'éternité pour dire merci.

3. NOTRE PÈRE ET LE MYSTÈRE DE LA SOUFFRANCE

Personne n'échappe à la souffrance. Elle nous accompagne, pas à pas, du berceau à la tombe, comme l'ombre nous suit sur le chemin. Nous avons peine à comprendre ce qu'il faut bien appeler le mystère de la souffrance. Nous souhaiterions un monde où il n'y ait que du soleil, jamais d'ombre. S'il dépendait de nous, nous aurions un monde réduit à deux saisons: le printemps et l'été sans saison hivernale. Pourtant cette saison que nous appelons morte n'est-elle pas germe de vie ?

Regardons l'hiver en nos forêts: les arbres qui paraissent sans vie, préparent la remontée de la sève, les branches mortes que l'on coupe vont rendre possible l'essor des autres branches. L'hiver n'est pas la mort, mais la germination de vie. L'hiver est un terreau, où s'alimentent les frondaisons à venir. L'hiver n'est pas pure désolation, mais attente.

Quand un malade souffre, on lui prend la main en signe de sympathie, on lui fait sentir qu'on est proche de lui, qu'on comprend sa peine, qu'on la partage. Les mots de compassion paraissent à ce moment-là si superficiels. La souffrance est tellement personnelle, et incommunicable.

Confronté avec ce mystère, j'ai été frappé par une parole de Claudel sobre mais éclairante. *"Jésus, écrit-il, n'est pas venu supprimer la souffrance. Il n'est pas venu expliquer la souffrance. Il est venu la remplir de sa présence."*

Je voudrais partager ici quelques pages qui transmettent le même message, dans le même esprit.

Une femme de grande foi a exprimé un jour sa communion au Seigneur dans la souffrance en ces lignes qui sont un cri de foi dans la nuit:

"Mon Dieu, faites-moi reconnaître votre action partout, en toute créature qui me blesse, en tout événement qui me traverse, aussi bien qu'en toute joie qui me dilate. Faites-moi pratiquement comprendre que si les causes secondes sont variées à l'infini, la cause première reste unique, et cette cause, c'est vous Seigneur!

La main est la même, mais elle change de gant; elle a son gant de velours, son gant de crin, son gant de fer, selon que, en me touchant, elle me console ou m'afflige. Dieu, mon Dieu, c'est toujours votre bonne et tendre main qui vient serrer la mienne pour me dire: 'Je t'aime'.

Mais une main, si douce soit-elle, quand elle serre avec un gant de fer, c'est toujours froid et dur, si ce n'est pas douloureux ... Avec un gant de crin, c'est au moins exerçant ... Nous ne voudrions jamais sentir que le gant de velours, mais celui-là, Seigneur, vous le ménagez peut-être plus que les autres ...

Faites à votre fantaisie, mon Maître, ne vous gênez pas avec moi; mettez le gant que vous voudrez, serrez tant qu'il vous plaira. Laissez-moi seulement cette filiale liberté d'ôter le gant et de baiser la main."

J'ai rarement lu des pages plus pénétrantes sur la souffrance que celles qu'écrivait le Roi Baudouin à Veronica O'Brien qui fut son guide spirituel. Voici sa lettre: [*]

"J'ai encore tellement de progrès à faire lorsque je rencontre une petite croix. A chaque fois je me laisse prendre de vitesse et ne la reconnais pas, ne l'accueille pas, ne l'embrasse pas comme si Jésus Lui-même venait à ma rencontre.

Combien j'aimerais Le recevoir avec joie et tendresse! Et ne plus faire de chichis lorsque je ressens un malaise. Il n'y a pas de doute que je suis encore loin de 'l'Abandon à la Divine Providence'. Mais je crois que mon Père veut me le donner, sinon Il ne me favoriserait pas avec des petites misères que les médecins les meilleurs ne s'expliquent pas.

Un autre domaine où je dois tout apprendre est de ne pas me froisser lorsque je ne reçois pas de gratitude. En tout cela vous me donnez un grand exemple depuis que nous vous connaissons."

In Ea,

---

[*] *Le Roi Baudouin*: Une Vie qui nous parle, Ed. FIAT, Ertvelde, p. 121

Et voilà la réponse de sa correspondante:

"Je vous souhaite un bon, très bon Carême, dans une fidélité toujours plus fine, plus délicate, plus attentive à tout ce que le Saint-Esprit vous demandera.

Quel sacrement purificateur doit être la souffrance, pour que le Seigneur la réserve, comme un bienfait inouï, à sa Mère et à tous ceux qu'Il aime d'un amour de prédilection.

Ce doit être la poussée de l'Amour de Dieu; quelque chose comme le 'ecco sto ad ostium et pulso' - 'Je suis à la porte et frappe' - et pour lequel nous Le remercierons pendant toute l'éternité, avec des larmes de joie si c'était encore possible.

Le Seigneur vous a mis à ce régime depuis de longues années, et ce qui paraît cauchemar maintenant, s'appelle de son vrai nom: 'ruses de tendresse et merveilles d'attentions divines'.

Je sais que vous le voyez comme cela; mais je sais aussi qu'en vous le redisant de sa part et en son nom, cette vérité sera pour vous grâce de vie, une nouvelle fois. Je vous le redis, parce qu'il y a des choses trop belles, qu'on n'épuise jamais en les redisant.

Pour ma part, je tâche de faire de mon mieux pour que chaque journée soit un long acte de communion à l'Esprit Saint et à Marie. S'unir à la volonté de Dieu, c'est s'unir à l'Amour de Dieu: c'est donc s'unir à l'amour de l'Amour qui est le Saint-Esprit. Tout cela devient si simple."

In Ea [*]

*

*   *

Dans un livre intitulé: *Première Epître aux Techniciens*[**] le problème de l'énigme du mal est abordé d'une façon émouvante et percutante à la lumière de la foi pascale. Voici un extrait:

"C'est donc par Jésus seul que Dieu s'exprime sur l'énigme du mal: en venant à la rencontre de l'homme, en prenant sa condition jusque dans la nuit du désespoir et de la mort. Jamais il n'a été dit plus clairement que Dieu est du côté de ceux qui sont tellement abandonnés des hommes qu'ils ont de bonnes raisons de se croire également

---

[*] 'In Ea' (en Elle) est un rappel du rôle de Marie.

[**] Philippe Bauch et Jacques Neirynck : "Première Epitre aux Techniciens" Ed. Presses Polytechniques et Universitaires romandes (Lausanne, Suisse).

abandonnés de Dieu. D'où avons-nous tiré les traits d'un Dieu vengeur et terrible? Pour sûr de quelque vieux fond païen primitif, mais non de l'Evangile. Plus aucune souffrance ne peut se dire si profonde qu'elle n'ait été visitée par Dieu, nulle mort si absurde qu'Il ne l'ait assumée. Même le meurtre de l'innocent ne peut plus être un mal définitif, puisque la croix est gage de sa résurrection: l'énigme du mal est dépassée et transfigurée dans celle du pardon.

Dans la foi en Celui qui fait de la mort de Jésus une Pâque libératrice, un 'passage' qui enfante à la vie, toute souffrance incompréhensible trouve, même si elle demeure cachée à notre intelligence, une valeur de rédemption. Dans ce choix, notre vie doit trouver son sens, et la croix, loin d'être un emblème de mort, devient le signe de l'homme redressé, bras étendus, ouvert à la vie.

Le seul mal absolu, désormais, est de se tenir volontairement éloigné ou séparé de cet amour, hors duquel notre existence reste absurde, le désespoir sans délivrance, la souffrance sans rémission, la culpabilité irrémissible.

Il arrive même bien souvent - mais il convient de le dire avec beaucoup de discrétion et de pudeur - que, dans cet amour et cette confiance, l'énigmatique souffrance devienne l'occasion d'un chemin vers Dieu. Cela demeure toujours imprévisible, gratuit, paradoxal; c'est pourtant là que certains ont rencontré Dieu, portant leur croix à leurs côtés.

L'amour de Dieu ne peut nous épargner l'expérience du heurt avec nos limites et notre finitude: à moins qu'on ne veuille Le contraindre à intervenir à chaque épreuve, en bouleversant les structures du monde? A moins qu'on ne Lui reproche de n'avoir pas créé des êtres immédiatement accomplis et infailliblement heureux, sans histoires ni Histoire, autrement dit sans liberté? Et pourrions-nous croire au sérieux d'un amour qui, en se proposant, n'aurait pas su ou voulu prendre le risque d'être repoussé?

Nous ôter la possibilité de la refuser, c'eut été nier la chance d'entrer librement dans un amour, offert encore plus librement à notre volonté.

En nous donnant son Fils, Dieu ne nous a-t-Il pas tout donné? Nous ne pouvons plus, avec le juste éprouvé et tant d'hommes dûment ou indûment révoltés, tant les adversités de la vie les ont malmenés, nous dresser contre un Dieu im-passible, trônant imperturbable au-dessus de nos souffrances et réclamant notre soumission. Ou du moins est-il clair, maintenant, que ce 'Dieu' n'a rien à voir avec celui du christianisme. Car peut-on traîner au banc des accusés le Dieu dont la compassion éclate dans la passion de Jésus, qui n'est pas 'là-haut' pour nous juger, mais à genoux devant nous, pour nous laver les pieds? Celui-là, Le refuserions-nous, si nous avions croisé son regard?"

*

*   *

Face au problème du mal confronté à Dieu je crois qu'il nous faut chercher une lueur de lumière dans la nuit, non pas en confrontant le mal avec la Toute Puissance du Créateur mais qu'on entre dans un mystère d'Amour où Dieu manifeste son immense respect pour la liberté de la créature. Je songe à l'image du poète Hölderlin parlant de la création de l'homme et disant: *"Dieu a fait l'homme comme la mer a fait les continents, en se retirant."*

La création de l'homme implique un effacement de Dieu, parce que Dieu est Amour et que la réciprocité de l'amour n'est concevable que dans la liberté de la réponse espérée.

Pour que l'homme puisse vivre et respirer, Dieu doit en quelque sorte mourir en tant que Tout Puissant et accepter en toute indépendance cette dépendance. Comme l'écrivait le Père Varillon: *"Le Créateur n'est pas tout puissant, c'est l'amour qui est tout puissant."*

En finale de ce chapitre je voudrais citer ici l'émouvant témoignage d'un jeune juif du ghetto de Varsovie, voué à la mort par l'invasion de la Pologne par des armées du Reich (guerre de 1940-1945). Sur un mur de la ville, il traca ces lignes:

> *"Je crois au soleil*
> *même s'il ne brille pas.*
> *Je crois à l'amour*
> *même si je ne le sens pas.*
> *Je crois en Dieu,*
> *même si je ne le vois pas."*

CHAPITRE XII

L'Année du Père

*"Nul n'est si riche qu'il n'ait rien à recevoir,
nul n'est si pauvre qu'il n'ait rien à donner"*.

Helder CAMARA

1. UN APPEL A LA FRATERNITÉ HUMAINE

L'année du Père s'offre à nous comme une invitation à l'adresse de tous les hommes de bonne volonté à traduire en action le chant de Noël: *"Gloire à Dieu au plus haut des cieux et paix sur la terre aux hommes de bonne volonté."*

Le paradoxe de la situation publique d'aujourd'hui c'est qu'il y a un immense appel à la fraternité vraie au cœur de l'homme et une invraisemblable série de conflits et de guerres avec ou sans bombes atomiques.

179

Puisse l'année du Père briser le mur du son entre les hommes et stimuler tous ceux qui œuvrent pour la paix au monde.

On se coudoie, mais chacun se perd dans la foule anonyme: nul n'a dit son nom ni révélé son vrai visage. Les hommes passent, les uns à côté des autres, voyageurs rapides et distraits, sans échanger un mot, ni une poignée de main fraternelle, ni un sourire.

Nous sommes encore loin du brassage des peuples, plus loin encore de la communion véritable et de l'amitié humaine. On ne cherche pas à savoir ce qui constitue l'âme profonde de chaque peuple, et l'on ignore les trésors enfouis, de culture et de traditions, qui, par l'échange, pourraient devenir bien commun de l'humanité et enrichissement pour tous.

Une première révolution serait déjà faite si les hommes apprenaient simplement à se parler, et non pas seulement à coexister côte à côte.

Notre siècle a découvert l'espace interplanétaire, mais il a à peine exploré l'espace qui sépare les hommes entre eux.

Notre siècle a jeté des ponts gigantesques sur les bras de fleuve, mais il ne sait pas encore comment jeter des ponts de peuple à peuple et relier les deux rives.

Notre siècle a découvert l'énergie nucléaire, mais il lui reste à découvrir l'énergie créatrice de paix et de concorde, que renferme un simple acte d'amour et de compréhension mutuelle.

2. UNE CHANCE POUR LA FRATERNITÉ CHRÉTIENNE ŒCUMÉNIQUE

L'impératif œcuménique

Nous ne pouvons avancer vers l'avenir œcuménique tant que nous n'avons pas le courage de prendre à la lettre la parole du Seigneur demandant à ses disciples d'être un pour que le monde croit que le Père l'a envoyé.

Notre division n'est pas seulement un scandale, mais c'est l'entrave majeure face au monde. Un document important émanant d'un groupe mixte de travail entre l'Eglise Catholique et le Conseil œcuménique des Eglises, vient de le redire sans ambage et de qualifier cette nécessité de l'union visible de l'Eglise indivisée comme *'l'impératif œcuménique'*. Je cite:

"Dans sa prière sacerdotale, Jésus a prié pour tous ceux qui croiront en Lui, 'que tous soient un comme Toi, Père, Tu es en moi et que je suis en

Toi, qu'ils soient un en nous, eux aussi, afin que le monde croie que Tu m'as envoyé; et moi, je leur ai donné la gloire que Tu m'as donnée, pour qu'ils soient un comme nous sommes un!' (Jn 17,21-22)

L'unité que les disciples de Jésus sont appelés à réaliser n'est pas leur propre œuvre. Elle est plutôt ce que le Christ a voulu pour eux, à savoir qu'ils manifestent devant le monde l'unité qui leur est donnée en Lui, afin que le monde croie. C'est une unité fondée sur la communion qui existe entre le Père, le Fils et le Saint-Esprit, et qui en est le reflet. Ainsi, l'impératif œcuménique et la mission de l'Eglise sont indissolublement liés l'un à l'autre, et ce pour le salut de toute l'humanité. La vision eschatologique de la transformation et de l'unité du genre humain est l'inspiration fondamentale de l'action œcuménique." ⃰

Un premier pas

Cet appel s'adresse à tous nos frères et sœurs qui se rattachent à l'Eglise du Christ en tradition romaine. Le dialogue entre les générations est d'une rare

---

⃰ Texte signé par Mgr. Alas G. Clark et le Métropolite Elias Audé, co-modérateur.

difficulté et demande un don d'écoute mutuelle et d'ouverture réciproque. Le dialogue entre chrétiens de tradition diverses - orthodoxes, anglicans, protestants - est lui aussi entravé par de multiples obstacles. Je rêve pour ma part que par priorité, le véritable dialogue entre Rome et Constantinople avance résolument et courageusement. Le dialogue n'est pas d'abord un dialogue entre Rome et Constantinople, mais un retour en commun au Cénacle de Jérusalem, notre point de départ.

Le premier millénaire du christianisme fut, fondamentalement - malgré des crises et des malentendus - celui de l'Eglise indivisée.

Le deuxième millénaire fut celui des douloureuses brisures des 11ème et 16ème siècles.

Le troisième millénaire qui s'ouvre devant nous voit apparaître à l'horizon des lueurs d'espérance. La route est tracée. Comme l'écrivait admirablement Vladimir Solovieff, ce précurseur génial de l'œcuménisme au 19° siècle:

> *"Pour se rapprocher les uns des autres, il nous faut deux choses: la première est d'assurer et d'intensifier notre propre union avec le Christ. La seconde est de vénérer dans l'âme de mon frère, la vie active de l'Esprit Saint qui demeure en lui."*

3. UNE SUGGESTION PASTORALE ET LITURGIQUE

Pour que l'année du Père ne soit pas un appel éphémère mais s'inscrive au cœur même de la vie de l'Eglise, je voudrais suggérer qu'on introduise dans le cycle liturgique *une fête consacrée explicitement au Père et à la mise en relief de sa paternité.*

Les modalités de pareille *'fête du Père'*- prolongée pourquoi pas par une octave - serait naturellement à fixer par le Saint Siège.

Je souhaite vivement que la mise en relief de la paternité de Dieu par toute l'Eglise, en 1999 étende sa chaleur et son rayonnement sur les âges à venir.

Sans doute la liturgie en vigueur nous met en présence de Dieu tout au long de l'année mais sa paternité, comme telle, n'est pas en relief direct et prioritaire et ceci demande réflexion si nous voulons nous situer, en perspective de foi et d'évangélisation qui en découle.

Un coup d'œil sur le cycle de l'année liturgique révèle une carence qu'il serait aisé de combler et ce serait un fruit durable de *'l'année du Père'* pour le siècle qui vient.

A présent le cycle classique de l'année liturgique est centré sur la Noël (Nativité de Jésus), sur Pâques (la Résurection de Jésus), sur la Pentecôte (l'envoi de l'Esprit Saint).

Si, comme je l'espère, la suggestion était retenue, je voudrais, attirer ici l'attention sur le meilleur moment à choisir à cette fin. Il me semble qu'il se situerait entre la Pentecôte qui s'achève brusquement sans lendemain (l'octave de jadis étant supprimé) et l'Avent qui va s'ouvrir quelques mois plus tard.

Pourquoi ne pas choisir le dimanche de la Sainte Trinité qui suit la Pentecôte. La fête de la Sainte Trinité est la fête de Dieu et Dieu est Père. Ainsi l'attention et le cœur des fidèles est fixé vers le Père, source de la Sainte Trinité pour clôturer le cycle qui s'achève et pour préparer dans les cœurs, le cycle de l'Avent.

Merveilleuse occasion à saisir pour préfacer vraiment la célébration de la Nativité qui se joue d'abord au ciel par *le fiat* du Verbe à son Père et qui prépare *le fiat* de Marie sur terre.

Nous avons à faire un immense effort de pédagogie religieuse pour que le peuple chrétien célèbre la Noël comme le mystère de notre adoption divine en et par Jésus-Christ. Noël offre en diptyque, une face céleste et une face terrestre. Noël a quasi perdu le sens du mystère d'alliance qui relie Dieu aux hommes et les hommes à Dieu.

Nous vivons trop peu *'la hauteur, la profondeur et l'étendeur du mystère chrétien'* pour employer le vocabulaire de Saint Paul.

4. PRIÈRE POUR LE MONDE DE DEMAIN

Père,

le monde de demain nous fait peur.
Nous avons perdu la foi en nous-mêmes.
Nous ne croyons plus au progrès indéfini
qui devait assurer notre bonheur.
Nous ne croyons plus au salut de l'humanité
par la Science.
Nous ne croyons plus que l'homme soit
la fin suprême de l'homme,
ni que la mort soit le dernier mot de la vie.

Et nous savons aussi que si, demain,
quelque centrale nucléaire du type Tchernobyl
sautait en l'air, par mégarde ou malveillance,
ce serait l'explosion apocalyptique

après quoi, nul ne survivrait parmi nous
pour ensevelir les morts et dresser le constat.

Père,

si je tourne mon regard vers l'Eglise,
qui a reçu de ton Fils
les promesses de la Vie Eternelle,
je sens toute la faiblesse des pauvres chrétiens
que nous sommes, si pauvres et si peu chrétiens!
Et j'entends, de partout, monter l'appel pressant
des Pasteurs à une nouvelle
et seconde évangélisation.
Pour faire de nous des chrétiens authentiques,
conscients des impératifs de leur baptême
Aide-nous à retrouver
la flamme des premiers chrétiens,
et la puissance de la première évangélisation,
qui débuta un matin de Pentecôte, au Cénacle
de Jérusalem où tes disciples, réunis en prière
avec Marie, attendaient que ta promesse, Père,
s'accomplisse.

Donne-nous la grâce d'être rénovés
'dans l'Esprit et dans le feu'.
Apprends-nous à parler au monde
avec des langues de feu,

et que cesse l'ère
des chrétiens timides ou muets
qui discutent, inquiets,
nos problèmes d'aujourd'hui,
comme jadis, sur le chemin
qui va de Jérusalem à Emmaüs,
et qui ne savent pas
que le Maître est ressuscité et vivant.

Père,

ouvre-nous à l' accueil de ton Esprit Saint,
apprends-nous à l'attendre, comme Marie à
l'heure de l'Annonciation
et aussi à l'heure de la Pentecôte
- cette nativité de l'Eglise -
Enseigne aux générations futures
que Jésus-Christ, ton Fils, demeure
pour tous les siècles à venir,
le Sauveur du Monde.

Aide-nous à proclamer, haut et fort,
qu'Il est 'la Voie, la Vérité et la Vie'.
La Voie, c'est-à-dire,
la Route qui mène au but final.
La Vérité, c'est-à-dire, la Nuée lumineuse

qui guide les voyageurs dans la nuit.
La Vie, c'est-à-dire, une profondeur de paix,
de sérénité,
de joie inaltérable que rien de créé ne peut
détruire.

Puissent, enfin, tes disciples,
au seuil de ce troisième millénaire,
hâter le pas,
pour obéir à l'ordre que le Maître leur a donné,
d'être et de vivre dans la communion du Père,
du Fils, de l'Esprit Saint.
Et qu'ils s'approchent, ensemble,
du Seigneur, pour resplendir de sa lumière
afin que sur leur visage, il n'y ait plus d'ombre.
Et que le monde reconnaisse
Jésus-Christ vivant dans les siens,
maintenant et à jamais.

5. PRIÈRE D'ESPÉRANCE

Le chrétien est homme d'espérance, parce qu'il sait d'où il vient et où il va. Il sait qu'il vient de Dieu et retourne à Lui, pour être à jamais plong dans la plénitude de Vie qu'est le Père, le Fils et l'Esprit Saint, en communion avec les anges et les saints, dont

Marie est la Reine. Il sait qu'il est invité à entrer dans un monde nouveau *"que l'œil n'a pas vu, que l'oreille n'a pas entendu, qui n'est pas monté au cœur de l'homme, que Dieu a préparé pour ceux qui l'aiment"* (1Co.2,9) et qui surpasse toute espérance. Puisse chacun de nous, au terme de sa vie terrestre, chanter, dans la joie et la gratitude, l'émouvante antienne que la liturgie de l'Avent a mis si souvent sur nos lèvres:

> *"O Sagesse qui pénètre toute existence,*
> *du début à la fin,*
> *qui en règle jusqu'au dernier détail,*
> *et la conduit à son terme*
> *d'une main puissante,*
> *avec une attention pleine de tendresse."*

Appendice

L'Engagement Évangélique

Cet Engagement est proposé à ceux qui veulent répondre plus pleinement à la vocation de tout chrétien, valable pour tous les temps:

"Allez dans le monde entier, proclamez la
Bonne Nouvelle à toute créature".(Mc 16,15)

Chaque chrétien, en vertu de son baptême, est invité à être témoin du Christ toujours et partout, à traduire sa prière personnelle en actes pour que la Bonne Nouvelle pénètre au cœur des hommes et vivifie le monde.

"C'est un feu que je suis venu apporter sur terre,
et combien je voudrais qu'il soit déjà allumé!
(Lc 12,49)

Cette lumière de l'Evangile, nous avons à l'offrir aux hommes qui, plus que jamais, doivent découvrir Jésus-Christ: Voie, Vérité et Vie.

L'Engagement Evangélique* concrétise notre réponse à cet appel, à cet ordre. Le voiçi:

Très Saint-Esprit,

Désirant m'engager

comme témoin du Christ et de l'Amour du Père,
mais connaissant mes faiblesses et mes craintes,
je me livre à Toi, avec confiance,
- pour que Tu me remplisses de ta force et de ta puissance,
- afin que j'aie le courage d'annoncer l'Evangile en paroles et en actes, toujours et partout.

Opère en moi

une *Nouvelle Pentecôte* comme celle qui, jadis,
- transforma les disciples en apôtres,
dans la Chambre Haute de Jérusalem,
- où, en prière, avec Marie,
Mère de Dieu et de l'Eglise naissante,
- ils ont attendu ta venue qui inaugura la première Evangélisation.

---

* Cet *Engagement Évangélique* est diffusé sous forme de dépliant par l'Association FIAT.

Révèle-moi

le secret de l'union avec Marie pour,
- qu'avec elle, je sois pur accueil à cette effusion
pentecostale personnelle et,
- qu'avec elle, je puisse me tenir
debout au pied de la croix, acceptant, avec amour,
la souffrance rédemptrice qui est au cœur de tout
apostolat.

Donne-moi

- d'être animé par la Parole de Dieu que
l'Eglise m'offre dans sa liturgie chaque jour,
- de me nourrir, aussi fréquemment que
possible, de l'Eucharistie,
- de m'approcher régulièrement du sacrement
de guérison.

Donne-moi

une foi vivante qui me fasse "agir ma prière"
- par une disponibilité à servir,
- par des actes d'amour fraternel,
- par des paroles que ta Sagesse m'inspire,
dans ma vie familiale, professionnelle et sociale,
pour que je puisse, avec courage et persévérance,
annoncer au monde Jésus-Christ,
son Seigneur et son Sauveur.

Donne-moi

- une foi ferme et inébranlable comme un rocher, qui m'inspire d'entreprendre et d'accomplir avec fidélité, un apostolat déterminé et régulier.

- une foi qui soit, comme un flambeau en mes mains, pour éclairer un monde enténébré par le péché.

Donne-moi

- de vivre en communion avec des frères et des sœurs, réunis régulièrement en cellules évangéliques,

- afin de s'entraider à développer et à approfondir notre vie spirituelle et apostolique,

- et de susciter ou soutenir toute initiative pour promouvoir le règne de Dieu et le service fraternel des hommes.

Apprends-moi

à vivre en union confiante avec les pasteurs de l'Eglise:

- le Saint Père,
- les évêques,
- les prêtres,

afin d'assumer avec eux, ma part de responsabilité dans la Nouvelle Evangélisation.

Apprends-moi

à vivre, dès ici-bas, dans une foi renouvelée, en communion avec l'Eglise glorieuse du Ciel:
- les anges qui nous entourent et nous protègent,
- les saints qui nous inspirent et nous entraînent,
- nos défunts, plus proches de nous que jamais,
et que ma vie s'achève, mission accomplie, à la joie et à la gloire de la Très Sainte Trinité. Amen.

- Saint Joseph, protecteur de la Sainte Famille,
    protège-moi.
- Saint Michel archange,
    des Puissances du Mal, défends-moi.
- Tous les anges et tous les saints,
    priez pour moi.

Au nom du Père, du Fils et du Saint-Esprit. Amen

Homard
Saucepe
echalotte (h.) ⎤ Duxelle
Champign   ⎬ cuire till
beure   ⎦ evaporé

1 raille
1/2 poreau -
1 fende -
3 c à soup Huil olive -
15 ml brandy -
anis cayenne + sel + poi
                    + crème -

+ Homard →

3 oz de Mascarpone
        ou Quark

épinard turbé
lage + épinard. homard (+ Duxelle + fromage
    + Sauce -
dessert ... + ...